Christiane Lemcke
Lutz Rohrmann

Deutsch intensiv

Wortschatz A2

Das Training.

Alles Digitale zu diesem Buch kann auf der Lernplattform **allango** von Ernst Klett Sprachen abgerufen werden. So geht's:

QR-Code scannen oder **www.allango.net** aufrufen | Buchtitel oder ISBN in der Suche eingeben und auf das Buchcover klicken | Zum Inhalt navigieren, direkt abrufen oder speichern

Dieses Symbol bedeutet, dass zu einem Buch-Abschnitt ein digitaler Inhalt verfügbar ist.

Ernst Klett Sprachen
Stuttgart

TIPP Hier werden Sie an wichtige Grammatikregeln erinnert.

INFO Hier erhalten Sie wichtige Informationen.

MEHR ÜBEN? Hier erhalten Sie Vorschläge für weitere Übungsformen.

Hier erhalten Sie Hinweise zur Aussprache bestimmter Phänomene und können diese Phänomene üben.

Hier wird Wortschatz aus der Stufe A1 wiederholt.

Hiermit werden stimmhafte Laute gekennzeichnet.

1. Auflage 7 | 2025

www.klett-sprachen.de

Autoren: Christiane Lemcke, Lutz Rohrmann
unter Mitarbeit von Carola Jeschke

Redaktion: Natalie Thomas
Layoutkonzeption: Greta Gröttrup
Illustrationen: Fritz Steingrobe, Theo Scherling
Gestaltung und Satz: Datagroup Int, Timișoara
Umschlaggestaltung: Greta Gröttrup
Druck und Bindung: Elanders Waiblingen GmbH, Waiblingen

Förderung nachhaltiger Waldbewirtschaf
PEFC/04-31-3752 www.pefc.de

Printed in Germany
ISBN 978-3-12-675074-5

Inhalt

Ran an die Vokabeln!

Die Vokabeln aus dem Buch können Sie bequem und effektiv mit dem **Quizlet**-Vokabeltrainer lernen und üben. Für die einzelnen Lektionen aus dem Buch stehen Ihnen umfangreiche englisch-deutsche Vokabel-**Kartensets** zur Verfügung, mit denen Sie den Wortschatz auf Ihrem Rechner, Smartphone oder Tablet trainieren können.

Alle Quizlet-Kartensets finden Sie auf allango (siehe Hinweise auf S. 1).

Übrigens: Auf allango finden Sie auch Wortlisten mit allen A2-Wörtern aus dem Buch. Ergänzen Sie dort Übersetzungen in Ihrer Muttersprache und nutzen Sie die Listen für noch mehr Wortschatztraining!

Ausspracheregeln

Betonung und Akzent

Betonung am Wortanfang			Betonung am Wortende	
Komposita	einfache Wörter / trennbare Verben	nicht trennbare Verben	*-ieren*	*-ion / -ei*
● …	● …	• ● …	… ● •	… ●
Kinderzimmer	**hö**ren **Na**me **ein**kaufen	ver**kau**fen ge**hö**ren	telefon**ie**ren	Informa**tion** Bäcker**ei** Türk**ei**

Vokale

So markieren wir kurze (•) und lange Vokale (_).

Sie lesen/schreiben	Sie hören/sprechen	Beispiele
Vokal + Vokal	l a n g	der T**ee**, l**ie**gen
Vokal + *h*	l a n g	der S**oh**n, z**eh**n
Vokal + 1 Konsonant	l a n g	der T**ag**, l**es**en
Vokal + 2–4 Konsonanten	kurz	kọ**st**en, das Hẹ**ft**

Konsonanten

Sie lesen/schreiben	Sie hören/sprechen	Beispiele
-b, -d, -g	*p, t, k*	a**b**|fahren, un**d**, der Ta**g**
-s	*s* (hart)	das Hau**s**
s-	*s* (weich)	der **S**onntag
-ch-	*(i)ch*	das Li**ch**t, mö**ch**ten,
	(a)ch: nach *a, o, u, au*	**lach**en, **doch**, das **Buch**, **auch**
-ig	*(i)ch*	fert**ig**
-er	*a*	der Schül**er**
st-, sp-	*scht, schp*	die **St**adt, **sp**rechen

Beachten Sie:

h**a**ben [a:]	aber:	f**ah**ren [a:]
die **St**unde [ʃ]	aber:	der Ga**st**, du ha**st** [st]
das Hau**s** [s]	aber:	die **S**onne, **s**ehr [z] (♫)

Buchstaben und Laute

Sie lesen/ schreiben	Sie hören/ sprechen	Beispiele
a aa ah	*a* (l a n g)	N**a**me, H**aa**r, Z**ah**l
	a (kurz)	d**a**nke
ä äh	*ä* (l a n g)	K**ä**se, z**äh**len
	ä (kurz)	H**ä**nde (Pl.)
äu	*oi*	H**äu**ser (Pl.)
ai	*ai*	M**ai**
au	*au*	H**au**s
b bb	*b*	**B**uch, Ho**bb**y
-b	p	Ver**b**
ch	*(i)ch*	mö**ch**ten
	(a)ch	Bu**ch**
-chs	*ks*	se**chs**
d	*d*	**d**anke
-d	*t*	un**d**
-dt	*t*	Sta**dt**
e ee eh	*e* (l a n g)	l**e**sen, T**ee**, s**eh**r
e	*e* (kurz)	H**e**ft
-e	*e* (unbetont)	dank**e**, Seit**e**, Tasch**e**
ei	*ai*	S**ei**te
-er	*a* (unbetont)	Schül**er**
eu	*oi*	h**eu**te
f ff	*f*	**f**ahren, Ka**ff**ee
g	*g*	**g**ut
-g	*k*	Ta**g**
h	*h*	**H**aus, **h**aben
i ie ieh	*i* (la n g)	K**i**no, s**ie**ben, (er) s**ieh**t
i	*i* (kurz)	b**i**tte
-ig	*-ich*	bill**ig**
j	*j*	**j**a

Sie lesen/ schreiben	Sie hören/ sprechen	Beispiele
k ck	*k*	**K**uchen, Bä**ck**erei
l ll	*l*	**l**eben, wo**ll**en
m mm	*m*	**M**ontag, ko**mm**en
n nn	*n*	**N**ame, kö**nn**en
o oh	*o* (l a n g)	**o**der, w**oh**nen
o	*o* (kurz)	k**o**mmen
ö öh	*ö* (l a n g)	h**ö**ren, S**öh**ne (Pl.)
ö	*ö* (kurz)	m**ö**chten
p pp	p	**P**ause, Gru**pp**e
qu	*kw*	be**qu**em
r rr	*r*	**r**ichtig, He**rr**
s ss	*s*	Hau**s**, Wa**ss**er
s	*s* ♬	**s**ehr
sch	*sch*	**sch**ön
sp	*schp*	**sp**rechen
st	*scht*	**St**adt
ß	*s*	hei**ß**en
t tt th	*t*	**T**ür, bi**tt**e, **Th**eater
-t(ion)	*ts*	interna**tio**nal
u uh	*u* (l a n g)	J**u**li, **Uh**r
u	*u* (kurz)	S**u**ppe
ü	*ü* (l a n g)	S**ü**den
ü	*ü* (kurz)	St**ü**ck
v	*w* ♬	**V**okal
v	*f*	Nominati**v**
w	*w* ♬	**W**asser
x	*ks*	Ta**x**i
z	*ts*	be**z**ahlen

Lerntipps für Wortschatz und Aussprache

Wortschatz lernen und erweitern

- Üben Sie häufig, aber nicht zu lange auf einmal.
- Notieren Sie alle neuen Wörter auf Lernkarten.
- Nomen immer mit Artikel und Pluralform lernen: *das Buch, die Bücher.*
- Verben immer mit Infinitiv, 3. Person Singular und Perfektform lernen: *fliegen, sie fliegt, sie ist geflogen.*
- Schreiben Sie immer einen Beipielsatz dazu.
- Wartezeit ist Lernzeit: Nehmen Sie Ihre Lernkarten immer mit, wenn Sie Straßenbahn fahren oder z. B. beim Arzt warten müssen.
- Stellen Sie sich ein Thema (z. B. „Küche und kochen") und sammeln Sie Wörter in Ihrer Muttersprache. Welche davon kennen Sie schon auf Deutsch? Schlagen Sie die anderen im Wörterbuch nach und machen Sie eine Liste.
- Sehen Sie sich in der Wohnung/Stadt/Schule … um: Welche Wörter kennen Sie? Was möchten Sie kennen? Machen Sie Notizen und schlagen Sie die Wörter im Wörterbuch nach.
- Bereiten Sie Situationen vor: *Ich gehe zum Arzt.* – Welche Wörter? *Ich gehe Kleider einkaufen.* – Welche Wörter? …
- Machen Sie sich selbst Übungen: Schreiben Sie Sätze auf und löschen Sie einzelne Wörter. Legen Sie die Karten weg. Sehen Sie sie ein paar Tage später wieder an. Können Sie die Wörter ergänzen?
- Finden Sie Lernpartner und tauschen Sie Lernkarten und Übungen.

Aussprache trainieren

- Wählen Sie zwei bis drei Sätze / einen kurzen Text aus. Sprechen Sie den Text laut. Welche Wörter/Laute sind für Sie schwer? Markieren Sie diese Wörter. Sprechen Sie die Wörter mehrmals einzeln. Sprechen Sie dann den ganzen Satz. Sprechen Sie mit Ihrem Lehrer / Ihrer Lehrerin.
- Schreiben Sie schwierige Wörter auf Lernkarten. Ergänzen Sie die Lernkarten mit kurzen/längeren Sätzen. Sprechen Sie die Wörter und Sätze auf den Lernkarten laut. Wählen Sie täglich fünf Karten aus und sprechen Sie sie laut. Zeigen Sie die Karten Ihrem Lehrer / Ihrer Lehrerin oder einem/einer Deutschen. Sprechen Sie und lassen Sie sich korrigieren.
- Wählen Sie ein Wort / einen Satz. Sprechen Sie langsam. Schließen Sie die Augen, sprechen Sie das Wort / den Satz erst langsam, dann „normal".
- Spielen Sie mit Sätzen: Sprechen Sie laut/leise, langsam/schnell.
- Sprechen Sie mit Emotionen: traurig, wütend, interessiert …
- Stellen Sie sich Situationen vor: Sie sprechen: mit einem Freund, einem Kind, Ihrem Chef …
- Aussprachekorrektur ist wichtig. Bitten Sie Personen mit deutscher Muttersprache um Korrektur!

1 Miteinander sprechen

Meinungen äußern

die Meinung, -en

meinen, hat gemeint

dafür sein — dagegen sein

diskutieren, hat diskutiert

streiten, hat gestritten

recht haben, hat recht gehabt

stimmen, hat gestimmt

> Das **stimmt**. Du **hast** ganz **recht**.

Miteinander sprechen

sagen, hat gesagt

zuhören, hat zugehört

wahr

intelligent — dumm

höflich — unhöflich

der Inhalt, -e

die Nachrichten *Pl.*

vorschlagen, hat vorgeschlagen

merken, hat gemerkt

einfallen, ist eingefallen

stören, hat gestört

versprechen, hat versprochen

das Handy, -s

das Smartphone, -s

leihen, hat geliehen

> **Sag** das noch einmal.
> Du musst **zuhören**.
> Was **schlägst** du **vor**?
> Mir ist seine Telefonnummer wieder **eingefallen**.
> Sie ist 79 86 68 26.
> Kannst du mir dein **Handy** kurz **leihen**?

Reaktionen

lügen, hat gelogen

der Quatsch *Sg.*

leidtun, hat leidgetan

egal

verrückt

natürlich

genau

ganz

sicher — unsicher

wahrscheinlich — unwahrscheinlich

> Das ist nicht wahr. Er **lügt**!
> So ein **Quatsch**!
> Das war dumm von mir. Es **tut** mir **leid**.
> Das ist mir **egal**.
> Das ist **verrückt**.
> Das weiß ich **ganz genau**.
> Bist du dir da **ganz sicher**?
> Nein, ich bin mir **unsicher**.
> **Wahrscheinlich** hat sie recht.
> Das ist **unwahrscheinlich**.

Welche Wörter kennen Sie? Markieren Sie.

TIPP Lernen Sie die anderen Wörter mit Lernkarten. Üben Sie jeden Tag zehn Minuten mit den Lernkarten.

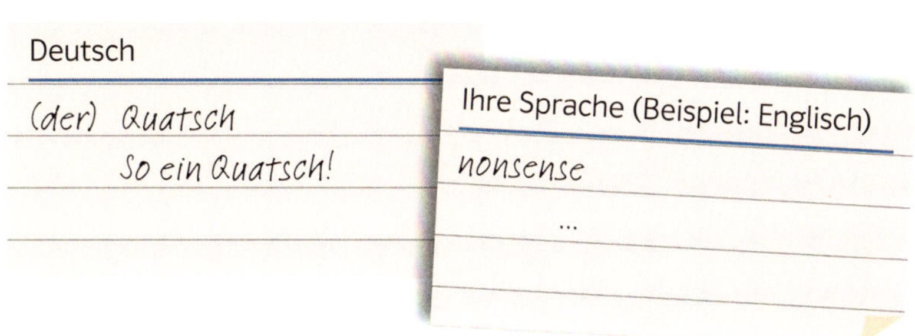

Welche Wörter sind für Sie schwierig? Markieren Sie die Wörter und sprechen Sie die Wörter zuerst langsam, dann „normal".
Achten Sie auf den richtigen Akzent.

sicher – unsicher   höflich – unhöflich
● • ● • •   ● • ● • •

wahrscheinlich – unwahrscheinlich   glücklich – unglücklich
• ● • ● • • •   ● • ● • •

1 Lesen Sie die Wörter. Ergänzen Sie die Artikel und Pluralformen bei den Nomen.

der Anruf, _-e_ • anrufen • ______ Anrufbeantworter, ______ / ______ AB • ______ Nachricht, ______ • ______ Ansage, ______ • an sein • ______ E-Mail, ______ • ______ Zeitung, ______ • mailen • besuchen • leider • gern • lesen • (sich) treffen • Freunde treffen • zusammen • wissen • interessant • ansehen • kommen

2 Ergänzen Sie den Text. Sie müssen zum Teil die Form anpassen.

ansehen • (die) Mailbox • besuchen • fragen • leider • interessant • mitgehen • ~~mitkommen~~ • treffen • wissen • zusammen

● Hallo, da bist du ja, wie geht's?

○ Gut. Und, _kommst_ (1) du nun heute _mit_ (1) ins Kino oder nicht?

● Ich ______________ (2) von nichts.

○ Ich hab dich doch gestern ______________ (3) und dir auf die ______________ (4) gesprochen.

● Ich habe heute meine Mutter ______________ (5) und hatte mein Handy vergessen. Was für einen Film wollt ihr ______________ (6)?

○ Den neuen James Bond, der soll total ______________ (7) sein.

● Wann wollt ihr gehen?

○ Wir ______________ (8) uns um acht am Marktplatz und dann gehen wir alle ______________ (9) zum „Cinerama".

● Um acht kann ich ______________ (10) noch nicht. Macht ihr danach noch etwas?

○ Ich geh auf jeden Fall danach in den Club.

● Da ______________ (11) ich ______________ (11).

3 Wie heißt das Gegenteil? Ordnen Sie zu.

[sicher • unwahrscheinlich • wahr • ~~ungenau~~ • dumm • unhöflich • dafür]

1. genau ___ungenau___
2. wahrscheinlich ______
3. intelligent ______
4. dagegen ______
5. gelogen ______
6. höflich ______
7. unsicher ______

4 Ergänzen Sie die Sätze mit Wörtern aus Übung 3.

1. ● Ich will mir einen neuen Computer kaufen, aber meine Frau ist ______. ______ hat sie recht. Ich hab ja schon drei.
2. ● Au, mein Fuß! Mann, pass doch auf!
   ○ Es tut mir leid, das war ______ von mir.
3. ● Ich hab gehört, dass Emil eine neue Freundin hat.
   ○ Das ist nicht ______!
   Das ist total ______!
4. ● Wir wollen am Wochenende zusammen wandern gehen. Bist du ______ oder ______?
   ○ Ich bin natürlich ______. Du weißt doch ______, wie gerne ich wandere.

5 Diskussionen – Ergänzen Sie den Text.

[streiten • (die) Meinung • (die) Diskussion • sagen • zuhören • recht (haben) • höflich • sicher]

Bei einer ______ ist es wichtig, dass jeder offen die ______ sagt. Man kann sich ruhig ______, aber man muss die Argumente der anderen tolerieren. Es ist wichtig, dass man den anderen ______ und nicht nur selbst reden will. Wenn man merkt, dass man nicht ______ hat oder sich nicht ganz ______ ist, dann sollte man das auch ______. Vor allem sollte man ______ bleiben und die Diskussion nicht stören.

6 Welche Reaktion passt?

1. Man müsste viel mehr Sport machen.
   a) Du musst zuhören.
   b) Das stimmt. Du hast ganz recht.

2. Anke sagt, dass sie Emil mit Tina gesehen hat.
   a) Das ist nicht wahr. Sie lügt.
   b) Es tut mir leid.

3. Pass doch auf! Jetzt ist mein Hemd dreckig!
   a) Das ist mir egal.
   b) Das war dumm von mir. Es tut mir leid.

4. Du hast gelogen!
   a) Das ist unwahrscheinlich.
   b) Das ist nicht wahr!

5. Kannst du mir dein Handy leihen?
   a) Was schlägst du vor?
   b) Ich hab es leider nicht dabei.

6. Wollen wir Fahrrad fahren oder laufen?
   a) Das ist mir egal.
   b) Wahrscheinlich hast du recht.

7. Morgen kommt „Spiderman“ im Fernsehen.
   a) Bist du dir da ganz sicher?
   b) Es tut mir leid.

8. Alle Deutschen lieben Wurst.
   a) Ich weiß das ganz sicher.
   b) So ein Quatsch! Es gibt viele Vegetarier.

9. Was hast du gesagt?
   a) Du musst zuhören.
   b) Was schlägst du vor?

10. Kommst du morgen nach Hause?
   a) Das ist nicht wahr.
   b) Ganz sicher, aber erst spät.

7 Kreuzworträtsel – Miteinander sprechen

Waagerecht:

1. Der Film war witzig, aber einen … hatte er eigentlich nicht.
4. Kannst du dir unseren Termin … oder soll ich ihn dir aufschreiben?
6. Ich kann Ihnen …, dass wir den Kühlschrank am Freitag liefern.
7. Rosi will Sängerin werden? So ein …! Die kann ja gar nicht singen.
8. Diskutieren heißt auch … . Man kann nicht immer einer Meinung sein.

Senkrecht:

2. Um 23 Uhr 15 kommen die … im Fernsehen. Da will ich zu Hause sein.
3. Kannst du mir mal kurz dein … leihen? Ich muss telefonieren.
5. Wir können nicht über jeden Satz …, sonst sind wir morgen noch nicht fertig.

2 Familie – Eigenschaften – Personen

Familie

die Heimat *Sg.*
der Kontakt, -e
anders
der/die Verwandte, -n

ein Verwandter, –	eine Verwandte, –

verwandt

der Enkel, –	die Enkelin, -nen

ledig

getrennt	geschieden

getrennt leben, hat getrennt gelebt
zusammenleben, hat zusammengelebt

> **Kontakt** haben mit
> Ich habe viel **Kontakt** zu meinen Verwandten.
> Das ist bei uns **anders**.
> Meine Eltern **leben getrennt**.

Aussehen

aussehen, hat ausgesehen

hübsch	hässlich
blond	dunkel
toll	

> Er hat **blonde/dunkle** Haare.

Eigenschaften

freundlich	unfreundlich
höflich	unhöflich
sympathisch	unsympathisch
fleißig	faul
intelligent	dumm
neugierig	
nett	

Gefühle

(sich) fühlen, hat sich gefühlt

traurig	froh
nervös	ruhig

weinen, hat geweint

> Wie **fühlst** du dich? – Es geht.
> Ich bin **froh** /**traurig**.
> Warum **weinst** du?

Welche Wörter kennen Sie? Markieren Sie.
Machen Sie Karten für die unbekannten Wörter oder notieren Sie sie in einem Wörterheft.
Welche Wörter zu diesem Thema kennen Sie noch? Notieren Sie.

TIPP Viele Adjektive im Deutschen haben ein Gegenteil mit *un-: höflich – unhöflich.*
Aber das funktioniert nicht immer: dumm – ~~undumm~~ – intelligent/schlau …

TIPP Deutsch – Englisch: Es gibt auch „falsche Freunde", z. B.
deutsch: *sympathisch* / englisch: *sympathetic* (= mitfühlend)
Handy ist nur deutsch; englisch: *mobile phone*, amerikanisch: *cell phone*

Sie sprechen *-ch*/*-ich* am Wortende. Sprechen Sie laut.

freundl**ich** • höfl**ich** • hässl**ich** • traur**ig** • fleiß**ig** • neugier**ig**

Sie sprechen *-ich* oder *-ig-*. Sprechen Sie laut.

-ich		*-ig-*
Die Geschichte ist traur**ig**.	aber:	die traur**ig**e Geschichte
Das Kind ist fleiß**ig**.	aber:	das fleiß**ig**e Kind
Die Katzen sind neugier**ig**.	aber:	die neugier**ig**en Katzen
Die Frau ist led**ig**.	aber:	die led**ig**e Frau

1 Interview – Ergänzen Sie die Fragen und beantworten Sie sie.

verheiratet • alt • (die) Adresse • (die) Straße • (die) Stadt • (die) Postleitzahl • (die) Telefonnummer • (der) Beruf • (das) Geburtsjahr • geboren • ~~heißen~~ • kommen • wohnen • (der) Geburtstag • (die) Stadt • geschieden

- ● Wie *heißen* Sie?
- ○ Mein Name ist ____________________.
- ● Wie __________ (1) sind Sie?
- ○ __________ Jahre alt.
- ● Wann sind Sie __________ (2)? Nennen Sie bitte den __________ (3) und das __________ (4).
- ○ __________, __________, __________. (Tag, Monat, Jahr)
- ● Wo __________ (5) Sie? Nennen Sie bitte die genaue __________ (6): die __________ (7), die __________ (8) und die __________ (9).
- ○ Ich wohne in ____________________ ____________________.
- ● Wie ist Ihre __________ (10)?
- ○ Die Vorwahl ist __________ und die Nummer ist __________.
- ● Woher __________ (11) Sie? Nennen Sie bitte das Land und die __________ (12).
- ○ Ich komme aus __________. Das liegt in __________.
- ● Sind Sie v__________ (13)?
- ○ Nein, ich bin __________ (14).
- ● Was sind Sie von __________ (15)?
- ○ Ich arbeite als __________. / Ich bin __________.

2 Familienwörter

a Was gehört zusammen? Ergänzen Sie.

1. ______________vater und Groß______________
2. Vater und ______________ = die E______________
3. ______________mann und Ehe______________ = das Ehepaar
4. Partner und ______________
5. Freundin und ______________
6. ______________ und Sohn = die K______________
7. Bruder und ______________ = die G______________
8. ______________ und Onkel

Familienstand: 🚶 🚶 l______________ ⚭ v______________ O≁O g______________

b Wer gehört alles zu Ihrer Familie? Schreiben Sie Sätze.

Meine Urgroßeltern sind ... Jahre alt. Sie heißen ... und sie wohnen in ...

Meine Großeltern ... Ich habe ... Geschwister

3 Janina Kolnikowa schreibt über sich – Ergänzen Sie den Text.

[sympathisch • neugierig • getrennt • freundlich • ~~(die) Heimat~~ • unsympathisch • (die) Enkelin • (der) Kontakt • weinen • verheiratet • froh • nett • unhöflich • traurig]

Ich heiße Janina Kolnikowa und komme aus Kasachstan. Vor zwei Jahren habe ich meine *Heimat* verlassen und bin nach Deutschland gekommen. Ich habe noch viel ______________ zu meinen Freunden und Verwandten in Almaty. Ich bin ______________, aber mein Mann und ich leben seit einem Jahr ______________.

Meine Großeltern leben noch in Almaty. Ich bin ihre einzige ______________ und deshalb sind sie ein wenig ______________, dass ich nicht mehr da bin. Sie haben ______________, als ich nach meinem letzten Besuch im Juli wieder weggefahren bin. Aber sie sind auch ______________ und wollen immer genau wissen, was ich mache. Ich fühle mich wohl in Deutschland. Ich bin ______________, dass ich jetzt Arbeit gefunden habe. Ich habe ______________ Kollegen und einen ______________ Chef. Ich arbeite als Verkäuferin in einem Supermarkt. Ich mag die Deutschen. Die meisten finde ich ______________. Natürlich gibt es auch ______________ und ______________ Menschen, aber das ist in Kasachstan auch nicht anders.

4 Eigenschaften – Wie heißt das Gegenteil?

1. faul _fleißig_
2. hässlich ______
3. dunkel ______
4. unhöflich ______
5. unsympathisch ______
6. traurig ______
7. geschieden ______
8. ruhig ______

5 Ergänzen Sie die Sätze.

[toll • (der) Kontakt • hässlich • froh • blond • dunkel • verwandt • aussehen • fühlen • weinen]

● Wie ______ (1) du dich heute?

○ Es geht mir wieder besser. Ich bin nicht mehr so traurig wie letzte Woche. Ich bin froh, dass ich mich von Martin getrennt habe.

● Warum ______ (2) du?

○ Ich habe gerade gehört, dass mein Bruder sehr krank ist.

● Das tut mir leid. Kann ich dir helfen?

● Ist der Typ mit den ______ (3) Haaren Jitkas Freund?

○ Nein, der doch nicht. Jitkas Freund ist groß und hat ______ (4) Haare.

● Seid ihr ______ (5)?

○ Ja, sie ist meine Schwester.

● Hast du noch ______ (6) mit deinem Ex-Mann?

○ Nein, ich bin ______ (7), wenn ich ihn nicht sehe.

● Und, wie ______ (8) ich ______ (8)?

○ Total ______ (9)! Nein, war nur Spaß. Du siehst ______ (10) aus. Echt super.

3 Körper und Gesundheit

Körperteile

der Körper, –
das Gesicht, -er
der Zahn, ¨-e
der Hals, ¨-e
der Rücken, –
das Herz, -en
der Magen, ¨-n
fit

Zähne putzen
Sport hält den Körper **fit**.
Mein Großvater hat Probleme **mit dem Herzen**.

Körperpflege

die Kosmetik *Sg.*
das Parfüm, -s
die Creme, -s
die Haut *Sg.*
besonders
die Seife, -n
die Brille, -n

Das **Parfüm** riecht gut.
Das ist **besonders** gut für die Haut.
die Hände mit **Seife** waschen

Gesundheit

die Gesundheit *Sg.*	die Krankheit, -en
gleichfalls	
gesund	ungesund
gesund	krank
schwanger	
die Angst, ¨-e	
sterben, ist gestorben	
der Raucher, -	die Raucherin, -nen
stark	
dünn	dick

Obst ist **gesund**. Zu viel Kaffee ist **ungesund**.
Klaus ist wieder **gesund**. Er war letzte Woche **krank**.
Meine Frau ist **schwanger**.
Raucher sterben früher.
Er ist ein **starker** Raucher.

Beim Arzt

die Sprechstunde, -n	
die Krankenkasse, -n	
die Untersuchung, -en	
untersuchen, hat untersucht	
deutlich	
der Notarzt, ¨-e	die Notärztin, -nen
der Notfall, ¨-e	
die Operation, -en	
die Apotheke ,-n	
das Rezept, -e	
das Medikament, -e	
giftig	ungiftig

Husten und Schnupfen

das Fieber *Sg.*
erkältet sein, ist erkältet gewesen
husten, hat gehustet
der Husten *Sg.*
der Schnupfen *Sg.*
der Schmerz, -en *meistens Pl.*
die Halsschmerzen
die Grippe *Sg.*
schlimm
los sein
schwach
wach

Er hat hohes **Fieber**.
Das ist nicht so **schlimm**.
Was ist denn **los**? Geht es Ihnen nicht gut?

Verletzung

(sich) verletzen, hat (sich) verletzt

bluten, hat geblutet

das Blut *Sg.*

wehtun

passieren, ist passiert

> Ich habe **Schmerzen** im Bein.
> Meine Hand **tut weh**. Ich bin gefallen.

Welche Wörter auf den Seiten 15 und 16 kennen Sie? Markieren Sie.
Welche Wörter zu diesem Thema kennen Sie noch? Notieren Sie.

Mein Körper	Beim Arzt
der Kopf	Ich bin krank.
	Ich habe …

Sprechen Sie die Komposita laut. Sie müssen alle Laute sprechen.

Schmerzen – Hals	Ha**lsschm**erzen	Haben Sie Halsschmerzen?
Schmerzen – Zahn	Za**hnschm**erzen	Haben Sie Zahnschmerzen?
Schmerzen – Kopf	Ko**pfschm**erzen	Haben Sie Kopfschmerzen?
Schmerzen – Bauch	Bau**chschm**erzen	Haben Sie Bauchschmerzen?

TIPP Sprechen Sie lange und schwierige Wörter immer zuerst langsam, dann „normal".

1 Ordnen Sie die Körperteile zu. Schreiben Sie die Wörter mit Artikel und Plural.

1. das ______ Auge, -n
2. ______ N______
3. ______ M______
4. ______ K______
5. ______ H______
6. ______ O______
7. ______ B______
8. ______ F______
9. ______ B______
10. ______ A______
11. ______ H______
12. ______ F______

2 Welche Verben passen?

essen • hören • gehen • schreiben • riechen • sehen • verstehen • lachen • schmecken • probieren • stehen • ~~lesen~~

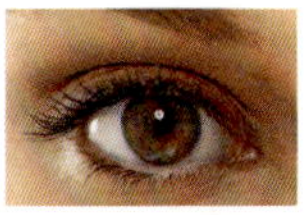

lesen ____________________

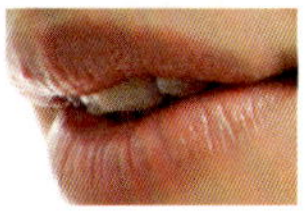

____

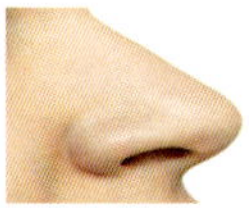

____

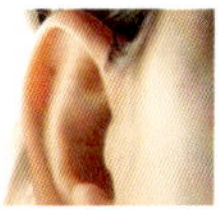

____

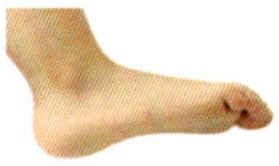

____

____

3 Ergänzen Sie den Dialog.

(die) Apotheke • schlecht • (das) Rezept • (die) Praxis • (das) Fieber • ~~gehen~~ • krank • (der) Termin • abholen • gut • (der) Arzt • (das) Medikament

● Hallo, Maria, wie geht __________ es dir heute?

○ Nicht __________. Ich glaube, ich bin richtig __________.

● Hast du __________?

○ Ja, 38,5 °C, und mir ist __________. Ich gehe heute zum __________.

● Hast du einen __________?

○ Nein, aber die __________ ist heute bis 12 Uhr geöffnet.

● Soll ich dich __________?

○ Ja, bitte.

● Soll ich dir ein __________ in der __________ kaufen?

○ Später, ich will mir erst ein __________ vom Arzt geben lassen.

4 Ergänzen Sie.

(die) Untersuchung • schlimm • (die) Halsschmerzen • (der) Schnupfen • ~~gesund~~ • erkältet • (der) Husten • schwach • (das) Fieber • gehen • dick • verletzen • (die) Grippe • bluten • untersuchen • gesund • (das) Herz • husten • krank • passieren

● Bei uns im Büro war letzte Woche keiner so richtig _gesund_ ___. Margot ___ schon seit einer Woche und ist jetzt richtig ___.

○ Na, dann habt ihr am Wochenende wahrscheinlich alle ___ oder ___. Klaus war gestern nicht beim Sport. Ist er auch ___?

● Ja, der hat ___. Er fühlt sich ganz ___ und hat ___ und ___.

○ Und wie ___ es dir? Was ist mit deiner Hand ___? Deine Hand ist ganz ___.

● Ich bin gefallen und habe mir die Hand ___. Es ist nicht so ___, es hat nur etwas ___.

○ Warst du beim Arzt? Hat er die Hand ___?

● Ja, natürlich. Nächste Woche soll ich noch einmal zur ___ kommen.

○ Wir sind zurzeit alle ___. Nur Lisa hat ein großes Problem mit dem ___!

● WAAAS?

○ Sie ist das erste Mal verliebt …

5 Sie haben Grippe. Beschreiben Sie die Krankheit. Wie fühlen Sie sich, was tut Ihnen weh?

___

___

___

___

___

6 Hygiene und Gesundheit – Ergänzen Sie.

fit • heiß • gesund • (der) Raucher • (die) Angst • (die) Creme • (die) Kosmetik • (die) Seife • ~~(das) Gesicht~~ • besonders • (der) Körper • wach • (der) Zahn • (die) Brille • rauchen • gesund • stark • aufhören • sterben • (die) Haut • (das) Parfüm • (der) Rücken • eilig

1. Jeden Morgen wasche ich mein __Gesicht__________ mit kaltem Wasser. Das ist gut für die __________________. Nur mit Wasser, ich nehme keine __________________. Und dann benutze ich eine __________________. Ich nehme diese __________________ schon seit zehn Jahren. Sie ist __________________ gut für meine Haut. __________________ benutze ich ganz selten. Ich finde, der eigene __________________ riecht am besten.

2. Ich dusche jeden Morgen, erst __________________, dann kalt. Das braucht mein Körper, um __________________ zu werden. Danach mache ich fünf Übungen für meinen __________________. Das dauert zehn Minuten und dann bin ich __________________. Nach dem Frühstück putze ich die __________________ und dann geht's los zur Arbeit. Morgens habe ich es immer __________________ und manchmal vergesse ich meine Schlüssel oder meine __________________.

3. In meiner Wohnung darf niemand __________________, auch nicht auf dem Balkon. Ich bin __________________ und möchte es bleiben. Mein Vater war __________________. Er hat sehr __________________ geraucht und mit 82 Jahren von heute auf morgen __________________. Niemand weiß, warum, aber plötzlich hatte er __________________ um seine Gesundheit. Er war immer __________________, weil er viel Sport gemacht hat. Er ist dann mit 89 Jahren __________________.

7 Beim Arzt – Ergänzen Sie die Sätze.

[untersuchen • (der) Notarzt • (das) Rezept • (die) Krankheit • (der) Zahn • (die) Sprechstunde • (die) Schmerzen • (das) Blut • (die) Praxis • (die) Operation • (das) Medikament • (die) Untersuchung • (die) Apotheke • dünn • (die) Krankenkasse • schwanger • (der) Notfall • dringend]

1. Sie können nur abends? Wir haben am Donnerstag auch von 18 bis 20 Uhr ______________.
2. Bei welcher ______________ sind Sie versichert?
3. Wir müssen ______________ abnehmen. Bitte kommen Sie morgen um 7.30 Uhr in die ______________.
4. Die Ärztin ______________ Sie gleich. Die ______________ dauert nicht lange.
5. Welche ______________ hatten Sie im letzten halben Jahr?
6. Sie wiegen nur 43 Kilo? Sie sind viel zu ______________. Sie müssen unbedingt zunehmen.
7. Wir müssen den ______________ röntgen. Wenn Sie ______________ sind, dürfen wir das aber nicht.
8. Ihr Herz muss ______________ untersucht werden. Sie müssen ins Krankenhaus.
9. Vor der ______________ dürfen Sie keine ______________ nehmen und nichts essen.
10. Im ______________ können Sie mich auch über das Handy erreichen.
11. Falls Sie am Wochenende ______________ bekommen, müssen Sie zum ______________.
12. Hier gegenüber ist die ______________. Dort können Sie das ______________ einlösen.

8 Wortbildung

a Wie heißen die Nomen?

bluten	______________	untersuchen	______________
husten	______________	krank	______________
gesund	______________	erkältet	______________

b Welche Wörter sind hier versteckt?

[die Krankenkasse • die Halsschmerzen • der Notarzt • die Sprechstunde]

____

____

____

c Bilden Sie Wörter mit KRANK und SCHMERZ.

KRANK	krank sein, die ...
SCHMERZ	Kopfschmerzen,

4 Wohnen

Haus

das Dach, ¨-er
der Stock, Stockwerke
das Erdgeschoss, -e
der Balkon, -e
der Keller, –
die Garage, -n
der Aufzug, ¨-e
der Flur, -e
die Treppe, -n
die Ecke, -n
das Fenster, –
die Tür, -en
aufmachen, hat aufgemacht
öffnen, hat geöffnet
zumachen, hat zugemacht
abschließen, hat abgeschlossen
klingeln, hat geklingelt
klopfen, hat geklopft

> Er wohnt im ersten **Stock**.
> Die Wohnung hat einen **Balkon**.
> **Mach** bitte die Tür **auf**. Es hat **geklingelt**.
> Hast du die Tür **abgeschlossen**?

Umgebung

der Nachbar, -n	die Nachbarin, -nen
der Spielplatz, ¨-e	
die Nähe *Sg.*	
außen	innen
außerhalb	innerhalb
hin	her
wohin	woher
gegenüber	
nebenan	

> Er wohnt ein wenig **außerhalb** der Stadt.
> Komm doch mal **her**, bitte.

Möbel

die Möbel *Pl.*
der Stuhl, ¨-e
der Sessel, –
rund
die Lampe, -n
der Teppich, -e
hängen, hat gehängt/gehangen
abstellen, hat abgestellt
das Holz, ¨-er
das Metall, -e
das Plastik *Sg.*
einrichten, hat eingerichtet
renovieren, hat renoviert
liefern, hat geliefert
auspacken, hat ausgepackt

> Ich mag **runde** Tische aus Holz.
> **Häng** die Lampe an die Decke.
> Sie müssen bei Einzug **renovieren**.

Geräte

der Fernseher, –
der Bildschirm, -e
der Kühlschrank, ¨-e
die (Spül-)Maschine, -n
der Herd, -e
das Gas *Sg.*
der Strom *Sg.*
elektrisch
die Heizung, -en
stecken, hat/ist gesteckt

Mieten

der Makler, – | die Maklerin, -nen

die Kaution, -en

die Miete, -n

(ver)mieten, hat (ver)mietet

die Nebenkosten *Pl.* (Abkürzung: NK)

inklusive

möbliert

einziehen, ist eingezogen

ausziehen, ist ausgezogen

> Die **Kaution** beträgt zwei Monatsmieten.
> Die **Nebenkosten** betragen rund 200 Euro.

Welche Wörter auf den Seiten 21 und 22 kennen Sie? Markieren Sie. Machen Sie Karten für die unbekannten Wörter oder notieren Sie sie in einem Wörterheft.

Welche Wörter zu diesem Thema kennen Sie noch? Notieren Sie.

Trennbare Verben. Achten Sie auf den Wortakzent. Sprechen Sie laut.

abgeben	Er gibt den Schlüssel **ab**.	**auf**machen	Er macht die Tür **auf**.
abschließen	Sie schließt das Fenster **ab**.	**aus**packen	Sie packt die Kisten morgen **aus**.
einziehen	Sie ziehen heute **ein**.	**ein**richten	Sie richten die Wohnung **ein**.

1 Schreiben Sie die Wörter zu den Bildern.

das Haus, ¨-er

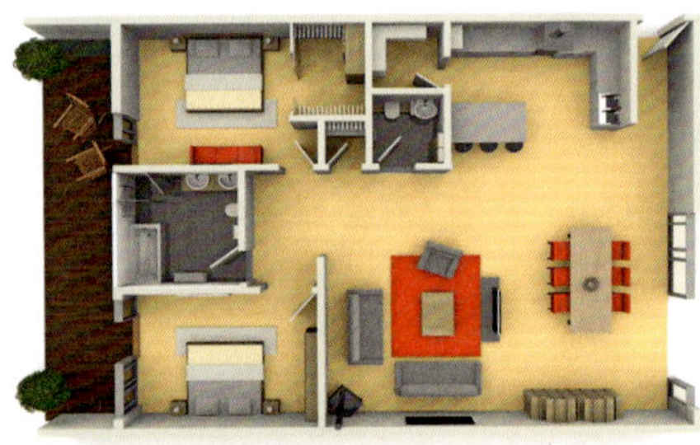

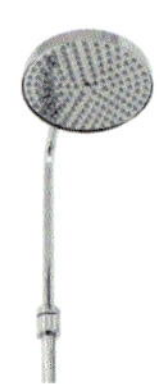

2 Welche Nomen kennen Sie zu diesen Verben?

mieten *der Mieter, – / die Mieterin, -nen*

wohnen *die* ______

vermieten ______

duschen ______

umziehen ______

baden ______

kochen ______

schlafen ______

3 Ergänzen Sie die Sätze.

[liegen • stellen • legen • stellen • sitzen • setzen]

1. ● Wohin hast du mein Buch ______? ○ Es ______ auf dem Tisch.
2. ● Wohin soll ich die Blumen ______? ○ ______ sie auf den Esstisch.
3. ● Kann ich mich hierher ______? ○ Nein, da ______ immer ich.

4 Schreiben Sie die Wörter in die Skizze.

[(das) Dach, ¨-er • (das) Erdgeschoss, -e • (der) Balkon, -e • (der) Keller, – • (die) Garage, -n • (der) Aufzug, ¨-e • (die) Tür, -en • (die) Treppe, -n • (das) Fenster, –]

5 Welche Verben passen?

1. An der Tür kann man

   klingeln ______

   k______

2. Die Tür kann man

   a______

   ö______

   z______

   a______

6 Wie heißen die Geräte und Gegenstände? Schreiben Sie die Nomen mit Artikel und Pluralform.

der Herd, -e

______

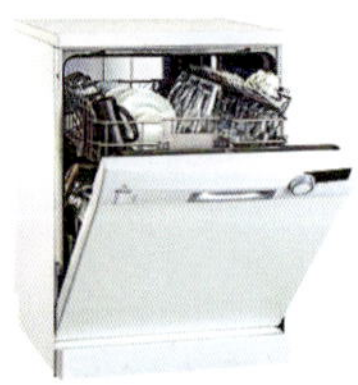

______

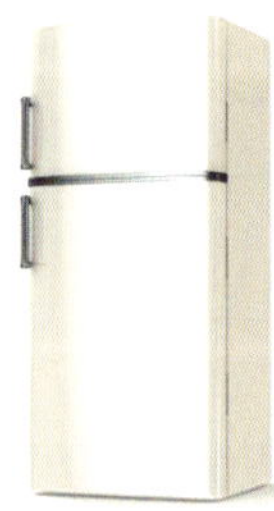

______

______

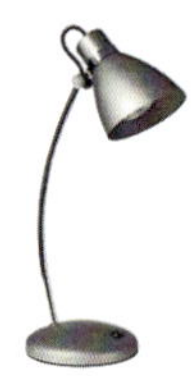

______

______

______

______

______

7 Eigenschaften – Ergänzen Sie die Sätze wie im Beispiel.

1. Ein Plastiktisch ist ein Tisch aus Plastik ______.
2. Ein Holzstuhl ist ______.
3. Ein Metallregal ist ______.
4. Eine Stofftasche ist ______.
5. Eine Plastiktasse ist ______.
6. Aber ein Metallarbeiter ist kein

   ______.

8 In der Wohnung – Ergänzen Sie die Sätze.

[(der) Fernseher • (der) Strom • (die) Lampe • (das) Gerät • (die) Heizung • (der) Bildschirm • (das) Gas]

1. Hier ist es so dunkel, mach doch mal die ____________________ an.
2. Heizt ihr mit Öl oder mit ____________________?
3. Wir heizen noch mit Öl, aber bald bekommen wir eine neue ____________________.
4. Wir verbrauchen sehr viel ____________________. Wir haben aber auch immer mehr elektrische ____________________.
5. Wir auch. Wir haben drei ____________________, zwei Computer mit ____________________ und Drucker usw.

9 Mietrecht – Ergänzen Sie die Sätze.

[einrichten • möbliert • (die) Nebenkosten • (der) Makler • (die) Kaution • ausziehen • (die) Miete • inklusive • einziehen • (der) Vermieter • vermieten]

1. Wenn Sie eine Wohnung suchen, dann lesen Sie Anzeigen oder Sie gehen zu einem ____________________.
2. Meistens müssen Sie für die Wohnung am Anfang eine ____________________ bezahlen. Das Geld bekommen Sie wieder, wenn Sie ____________________ und die Wohnung in einem guten Zustand ist.
3. Die ____________________ müssen Sie meistens am Monatsanfang bezahlen. Dazu kommen noch die ____________________, die auch sehr hoch sein können. Der ____________________ muss sie am Jahresende genau abrechnen. Manchmal sind die Nebenkosten auch ____________________. Dann müssen Sie nichts extra bezahlen.
4. Bei ____________________ Wohnungen müssen Sie am Anfang genau hinsehen, in welchem Zustand die Einrichtung ist.
5. Je nach Mietvertrag muss man die Wohnung renovieren, wenn man ____________________ oder wenn man auszieht.
6. Sie dürfen keine Zimmer Ihrer Wohnung an andere ____________________, wenn es der Vermieter nicht erlaubt.
7. Sie dürfen die Wohnung ____________________, wie Sie wollen, aber Sie dürfen sie nicht verändern.

10 Silke Beck hat eine neue Wohnung. Sie schreibt an ihre Freundin Emily. Ergänzen Sie die E-Mail an ihre Freundin.

[außen • außerhalb • (die) Nähe • rund • wohin • (der) Nachbar • nebenan • gegenüber • hin und her • hängen • auspacken • (der) Spielplatz • drinnen • stecken]

Liebe Emily,

endlich bin ich in der neuen Wohnung. Es hat gedauert, bis alles in der Wohnung war. Heute hat mir das Möbelhaus noch den ______________________ Esstisch geliefert (wunderschön!). Aber es gibt noch viel zu tun. Ich muss die Lampen an die Decke ______________________ (Tom muss das machen!). Dann stehen hier 50 Kisten, die ich ______________________ muss. ______________________ soll ich den ganzen Kram nur packen?

Die ______________________ scheinen nett zu sein. Drei habe ich schon kennengelernt. Direkt ______________________ wohnt eine alte Frau und ______________________ ein ganz junges Paar.

Ganz in der ______________________ gibt es übrigens einen ______________________. Da können Lea und Sven sogar alleine hingehen. Sie sind gerade dort. Heute Morgen sind sie die ganze Zeit in der Wohnung ______________________ gerannt und waren ganz aufgeregt in der neuen Umgebung.

Nun wohne ich also ziemlich weit ______________________ der Stadt, aber dafür gibt es hier wenig Verkehr und Lea und Sven können draußen spielen, ohne dass man Angst haben muss. ______________________ sind sie nur noch bei schlechtem Wetter.

So, jetzt muss ich weiter ausräumen. Übrigens habe ich gestern meinen Schlüssel ______________________ an der Autotür ______________________ lassen. Er war heute Morgen noch da. Glück muss man auch mal haben!

Liebe Grüße

Silke

5 Zu Hause

Haushalt

der Haushalt, -e
spülen, hat gespült
das Handtuch, ¨-er
die Reinigung *meistens Sg.*
die Wäsche *Sg.*
sauber — schmutzig
putzen, hat geputzt
das Mittel, – — das Waschmittel, –
das Feuerzeug, -e
das Streichholz, ¨-er
der Müll *Sg.* — die Mülltonne, -n
wegwerfen, hat weggeworfen
fallen, ist gefallen
der Briefkasten, ¨

> Bitte, bring den Mantel in die **Reinigung**.
> Das Brot ist alt. Kann ich es **wegwerfen**?
> Gleich **fällt** das Glas auf den Boden.

In der Küche

das Geschirr *Sg.*
der Teller, – — die Tasse, -n
das Messer, – — die Gabel, -n
der Löffel, –
der Topf, ¨-e
die Kanne, -n
das Rezept, -e
probieren, hat probiert
backen, hat gebacken
braten, hat gebraten
kompliziert — einfach
versuchen, hat versucht
auf keinen Fall

> Das **Rezept** ist **kompliziert**.
> Ich koche sonntags **auf keinen Fall**.

Hören und sehen

die Musik *Sg.*
der MP3-Spieler, –
die CD, -s
die DVD, -s
das Video, -s
das Radio
die Nachricht,-en
der Fotoapparat, -e — das Foto, -s
die Kamera, -s

Gespräche im Haus

die Sorge, -n
positiv — negativ
prima
neugierig
verschieden — gleich

> Mach dir keine **Sorgen**.
> Das musst du **positiv** sehen!
> Sei nicht so **neugierig**!
> Männer und Frauen sind **verschieden**.

Haustiere

das Tier, -e
die Katze, -n
der Hund, -e

> Habt ihr ein Haustier? – Ja, eine **Katze**.

INFO **Komposita**
putzen + das Mittel = das Putzmittel
waschen + das Mittel = das Waschmittel
spülen + das Mittel = das Spülmittel

Welche Wörter auf Seite 27 kennen Sie? Markieren Sie.
Machen Sie Karten für die unbekannten Wörter oder notieren Sie sie in einem Wörterheft.

Welche Wörter zum Thema „Küche und Kochen" kennen Sie noch? Notieren Sie.

Welche Möbel und Geräte stehen in der Küche?

Was brauchen Sie zum Kochen?

Lange und kurze Vokale: Sprechen Sie die Wörter laut.

lang	kurz	lang	kurz
braten	backen	(das) Tier	(das) Geschirr
(der) Tee	(der) Teller	versuchen	putzen
(das) Brot	(der) Topf	spülen	(der) Müll

Sprechen Sie die Wörter mit langem Vokal aus der Liste oben laut.

1 Silbenrätsel: Wie viele Wörter zum Thema „Musik" finden Sie? Schreiben Sie die Nomen / die Verben wie im Beispiel.

~~SPIE~~	GEN	MU	SIN	KON	~~LIED~~
LINGS	SIK	LIEB	TY	ZEN	REN
PAR	ZERT	TAN	~~LEN~~	HÖ	

spielen: er hat gespielt
Lied: das Lied, die Lieder

2 Welche Wörter zum Thema „Einladung" finden Sie? Schreiben Sie die Wörter wie in 1.

ANBIETENAUSSEHENGETRÄNKDURSTEINLADENEINLADUNG

GASTGESCHENKHUNGERMÖGENNEHMENPÜNKTLICH

SCHMECKENTRINKEN

MEHR ÜBEN? Formulieren Sie kurze Sätze/Fragen zu diesem Thema.

schmecken: Hat es Ihnen geschmeckt? / Mmm, das schmeckt sehr gut. /
Schmeckt es Ihnen? / Schmecken Ihnen die Kartoffeln? / ...

3 Kreuzworträtsel – Telefon und Computer

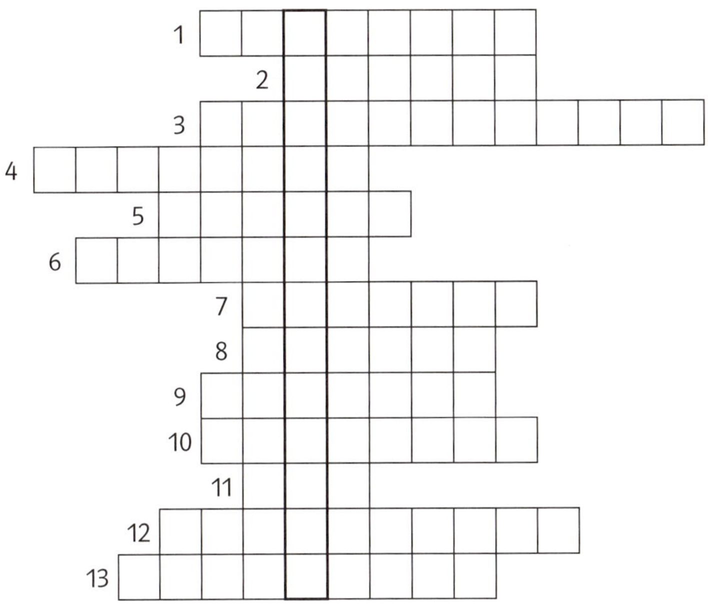

Waagerecht:

1. Das … geht heute nicht. Ich kann keine E-Mails verschicken.
2. Ich teile Ihnen meine Adresse per … mit.
3. Lass uns morgen …, dann weiß ich, wann ich Zeit habe.
4. Du kannst mir eine SMS … .
5. Mein Sohn will am liebsten nur noch im Internet …
6. Du kannst mir eine Nachricht auf meiner … hinterlassen.
7. Ich möchte gern persönlich mit Ihnen sprechen. Kann ich Sie morgen früh …?
8. Ist dein Telefon kaputt? Ich verstehe die … nicht.
9. Funktioniert der …? – Ja, ich habe den Brief schon ausgedruckt.
10. Kannst du schnell den … anmachen? Ich möchte eine Mail schreiben.
11. Ich weiß nicht, wann ich das Handy anhabe. Schicke mir am besten eine …
12. Ich habe seine Nummer in meinem …
13. Ich habe eine … auf der Mailbox hinterlassen.

Senkrecht:

Ich habe Ihre Adresse, aber keine …!

4 Paare finden – Was passt zusammen? Notieren Sie aus der Wörterliste auf Seite 27.

putzen / spülen

5 Rollenklischees? Männer und Frauen im Haushalt – Ergänzen Sie.

Frauensicht

[backen • (das) Handtuch • putzen • (die) Reinigung • ~~spülen~~ • (die) Wäsche]

1. Warum _spült_ __________ er nie das Geschirr?
2. Warum wechselt er nie die __________?
3. Warum __________ er nie einen Kuchen?
4. Warum __________ er nie das Bad?
5. Warum hängt er nie die __________ auf?
6. Warum bringt er seine Hosen nicht selbst zur __________?

Männersicht

[(der) MP3-Spieler • (die) Musik • ~~positiv~~ • (die) Mülltonne • (die) Katze • (die) Nachrichten • (der) DVD-Spieler • (das) Radio • (der) Müll • (der) Briefkasten • (die) Kamera • negativ • verschieden]

1. Das sehen wir _positiv_ __________!
2. Warum denken Frauen oft so __________?
3. Wir bringen den __________ weg.
4. Wir stellen immer die __________ an die Straße.
5. Wir holen jeden Morgen die Zeitung aus dem __________.
6. Wir gehen mit der __________ zum Tierarzt.
7. Wir informieren sie gerne über die neuesten __________.
8. Wir programmieren den __________ oder das __________.
9. Wir erklären ihr die __________ und den __________.
10. Wir laden die __________ aus dem Internet herunter.
11. Wir lieben unsere Frauen!
12. Fazit: Männer und Frauen sind sehr __________!

6 Gemeinsam essen

a Dialoge in der Küche 1 – Ergänzen Sie.

(das) Streichholz • prima • (die) Gabel • heiß • sauber • (der) Hunger • probieren • (der) Löffel • (das) Messer • anmachen • (das) Feuerzeug • schmutzig • (der) Teller

Dialog 1

- ● Was gibt es heute? Ich habe ______________________!
- ○ Kartoffelsuppe.
- ● ______________________! Mein Lieblingsessen. Darf ich mal ______________________?
- ○ Ja, aber pass auf, die Suppe ist ______________________.

Dialog 2

- ● Kannst du bitte den Tisch decken? Es gibt Spaghetti mit Schinken und dann noch Käse.
  Wir brauchen ______________________, ______________________ und ______________________.
  Und ein ______________________ für den Käse.
- ○ Soll ich die Kerze auch ______________________?
- ● Ja, bitte. Das ______________________ ist in meiner Tasche.
- ○ Ich nehme lieber die ______________________.

Dialog 3

- ● Bitte wasch dir noch die Hände.
- ○ Warum? Die sind doch ______________________.
- ● Vielleicht sind sie nicht ______________________, aber vor dem Essen bitte die Hände waschen.

b Nach dem Essen – Ergänzen Sie.

[fallen • (das) Handtuch • (die) Sorgen • spülen • (das) Spülmittel]

- ● Würdest du bitte das Geschirr ______________________? Ich muss gleich weg.
- ○ Mach dir keine ______________________, ich mache das schon. Haben wir ______________________?
- ● Ja, aber pass auf, dass die Gläser nicht auf den Boden ______________________.
- ○ Sag mir doch auch, welches ______________________ ich nehmen soll.
- ● Ich gehe ja schon. Danke!

c Dialoge in der Küche 2 – Ergänzen Sie.

[unpraktisch • braten • (das) Rezept • auf keinen Fall • kompliziert • backen • versuchen • (die) Kanne • kalt • neugierig • (das) Geschirr]

- ● Ich habe von Beate das ______________________ für den Kuchen bekommen. Versuch das doch mal.
- ○ ______________________! Das ist so ______________________. Und ich ______________________ auch nicht gern.
- ● Stimmt, dann ______________________ ich das mal.
- ○ Da bin ich aber ______________________. Und ich ______________________ lieber das Huhn für das Abendessen.
- ● Schau mal, das ______________________ habe ich von meiner Großmutter zur Hochzeit bekommen.
- ○ Sehr schön, vor allem diese alte ______________________!
- ● Ja, die ist zwar schön, aber ______________________.
- ○ Stimmt. Der Tee wird sehr schnell ______________________.

6 Auto und Verkehr

Auto

das Kfz, – (= Kraftfahrzeug)

der Wagen, –

der Motor, -en

die Batterie, -n

der Pkw, -s (= Personenkraftwagen)

der Reifen, –

wechseln, hat gewechselt

bremsen, hat gebremst

die Tankstelle, -n — tanken, hat getankt

das Benzin *Sg.* — (der) Diesel *Sg.*

die Panne, -n

die Werkstatt, ¨-en — das Werkzeug, -e

Verkehr

die Brücke, -n

die Kreuzung, -en

parken, hat geparkt

vorwärts — rückwärts

zeigen, hat gezeigt

vorbei

vorn — hinten

der Verkehr *Sg.*

die Ampel, -n

vorsichtig — unvorsichtig

aufpassen, hat aufgepasst

achtgeben, hat achtgegeben

gefährlich — ungefährlich

der Unfall, ¨-e

> **rückwärts einparken**
> **Gib acht**! Die Kreuzung ist **gefährlich**.

Autokauf

der Vertrag, ¨-e

verkaufen, hat verkauft

neu — gebraucht

die Zulassung, -en

das Kennzeichen, –

der TÜV (= Technischer Überwachungsverein)

der Führerschein, -e

Bahnverkehr

der Fahrplan, ¨-e

die Verbindung, -en

die Verspätung, -en

sich beeilen, hat sich beeilt

die Haltestelle, -n

umsteigen, ist umgestiegen

erreichen, hat erreicht

verpassen, hat verpasst

der Schalter, –

die Monatskarte, -n

die U-Bahn, -en

die Kontrolle, -n

> Der Zug hat fünf Minuten **Verspätung**.
> An der **Haltestelle** müssen Sie **umsteigen**.
> Ich habe den Bus **verpasst**. Deshalb **erreiche** ich jetzt den Zug um 9 Uhr nicht mehr.

Welche Wörter kennen Sie? Markieren Sie.
Machen Sie Karten für die unbekannten Wörter oder notieren Sie sie in einem Wörterheft.

Die Aussprache von *ts / sch / schp / scht*. Sprechen Sie laut.

ts	das Ben**z**in • die Kreu**z**ung • **z**eigen • vorwär**ts** • rückwär**ts**
sch / schp / scht	der **Sch**alter • die Ver**sp**ätung • die Tank**st**elle • um**st**eigen

Die Aussprache von *ch*. Sprechen Sie laut.

ks	we**chs**eln • se**chs**	Kannst du einen Reifen wechseln?
ich	das Kennzei**ch**en • errei**ch**en • gefährli**ch**	Welches Kennzeichen hast du?
ach	Gib a**ch**t! • gebrau**ch**t	Gib acht bei gebrauchten Autos!
	se**chs** *(ks)* aber: se**ch**zehn • se**ch**zig *(ich)*	Mein Kennzeichen ist: B-KM 166.

Kennen Sie die Regel? Schauen Sie auf Seite 4 nach.

1 Welche Wörter zu diesen Stichwörtern kennen Sie? Machen Sie eine Tabelle. Brauchen Sie Hilfe? Im Kasten unten finden Sie Wörter aus A1.

Verkehr und Verkehrsmittel	Orte in der Stadt	Reisegepäck	Reiseaktivitäten / Unterkunft
das Taxi fahren	die Kreuzung	der Koffer	die Halbpension

(sich) anmelden • abfahren • abfliegen • ankommen • aussteigen • besichtigen • das Ausland *Sg.* • das Auto, -s • das Doppelzimmer, – • das Dorf, ¨-er • das Einzelzimmer, – • das Fahrrad, ¨-er • das Flugzeug, -e • das Foto, -s • das Gepäck *Sg.* • das Gleis, -e • das Hotel, -s • das Land, ¨-er • das Meer, -e • das Reisebüro, -s • das Restaurant, -s • das Taxi, -s • das Ticket, -s • der Abflug, ¨-e • der Ausflug, ¨-e • der Automat, -en • der Bahnhof, ¨-e • der Bahnsteig, -e • der Balkon, -s/-e • der Blick, -e • der Bus, -se • der Dom, -e • der Eintritt *Sg.* • der Fahrer, – • der Flug, ¨-e • der Flughafen, ¨ • der Koffer, – • der Lkw, -s • der Ort, -e • der Plan, ¨-e • der Platz, ¨-e • der Prospekt, -e • der Reiseführer, – • der Rucksack, ¨-e • der Schuh, -e • der See, -n • der Stadtplan, ¨-e • der Urlaub, -e • der Zoll, ¨-e • der Zug, ¨-e • die Abfahrt *Sg.* • die Ankunft *Sg.* • die Anmeldung, -en • die Bahn, -en • die Durchsage, -n • die Fahrkarte, -n • die Führung, -en • die Halbpension *Sg.* • die Haltestelle, -n • die Jacke, -n • die Jugendherberge, -n • die Karte, -n • die Kleidung *Sg.* • die Reise, -n • die Rezeption, -en • die S-Bahn, -en • die Sehenswürdigkeit, -en • die Stadt, ¨-e • die Straße, -n • die Straßenbahn, -en • die Tasche, -n • die Übernachtung, -en • die Welt, -en (meistens *Sg.*) • einfach • einsteigen • fahren • fliegen • inklusive • pünktlich • übernachten • verboten

2 Kreuzworträtsel – Auto und Verkehr

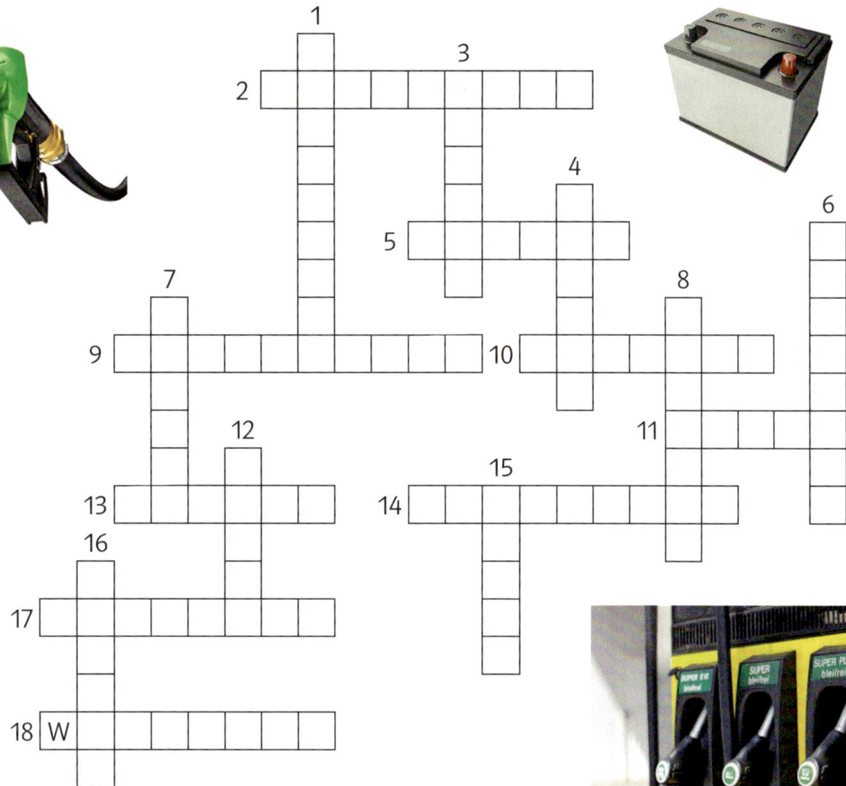

Waagerecht:

2. Hier kann man das Auto reparieren lassen.
5. Ohne diese Flüssigkeit fährt das Auto nicht.
9. Hier kann man Nr. 4 und 5 kaufen.
10. Wenn Sie ein Auto kaufen oder verkaufen, dann unterschreiben Sie das.
11. Findet man meistens vorne im Auto. Braucht Nr. 4 oder 5, damit er funktioniert.
13. Gestern hatte ich einen … Mir ist jemand reingefahren. Gott sei Dank nur Blechschaden.
14. Ich will mein Auto … Was meinst du, wie viel ich dafür noch bekomme?
17. Ralf hat letzte Woche eine Nr. 12 auf der Autobahn gehabt. Er musste den Reifen …
18. Man braucht das, wenn man etwas reparieren muss.

Senkrecht:

1. Die meisten Leute kaufen ihr Auto nicht neu, sondern …
3. Das muss man tun, wenn man kein Nr. 4 oder keinen Nr. 5 mehr im Auto hat.
4. Lastwagen fahren fast immer mit dieser Flüssigkeit.
6. Man braucht sie, damit das Auto startet.
7. Ich fahre immer mit der Straßenbahn in die Stadt. Ein Auto kann man ja fast nirgends mehr …
8. Du musst …! Siehst du nicht, dass die Ampel rot ist?
12. Wenn man das hat, dann kann man nicht mehr weiterfahren (siehe auch 17).
15. Man kann damit Musik und auch die Verkehrsnachrichten hören.
16. Ein Auto hat vier Räder und darauf sind …

3 Durchsagen – Ergänzen Sie die Sätze.

[erreichen • (die) Brücke • (die) Kontrolle • ~~(der) Wagen~~ • (die) Autobahn • (die) Verspätung • (die) Verbindung • (die) Kreuzung • (das) Kennzeichen • umsteigen]

1. Der Fahrer des _Wagens_ mit dem ______________ HD-MR 990 soll bitte zu seinem Auto kommen.
2. Die ______________ A5 ist am Kreuz Walldorf bis morgen 4 Uhr wegen Bauarbeiten an einer ______________ gesperrt.
3. Unser Zug hat zurzeit 25 Minuten ______________. Wir ______________ Frankfurt Hauptbahnhof voraussichtlich um 17.10 Uhr. Ich informiere Sie nun über Ihre ______________ ab Frankfurt: …
4. Fahrgäste nach Köln können in Frankfurt in den ICE 567 ______________. Er wartet auf Gleis 7.
5. Zum Thema Geschwindigkeit: Die Polizei macht heute verschiedene ______________ im Stadtgebiet. Ein Radargerät steht an der ______________ Badstraße und an der Grundschule in der Dieselstraße, ein weiteres …

4 Minidialoge – Ergänzen Sie.

[(der) Fahrplan • vorbei • vorn • (die) U-Bahn • (der) Führerschein • verpassen • (der) Schalter • zeigen • (die) Monatskarte]

Dialog 1

● Wo kann ich hier Fahrkarten kaufen? Der ______________ ist schon zu.

○ Da ______________ ist ein Fahrkartenautomat.

● Wo? Ich sehe ihn nicht.

○ Ich ______________ es Ihnen. Gehen Sie am Blumenladen ______________, dann sehen Sie ihn.

Dialog 2

● Wie fährst du zur Arbeit?

○ Immer mit dem Zug und in der Stadt dann mit der ______________. Das ist am schnellsten.

● Aber es ist teuer.

○ Ich habe eine ______________. Und Parken ist noch teurer.

● Hast du einen ______________?

○ Ja klar, aber ich fahre nicht gerne in der Stadt.

Dialog 3

● Schatz, tut mir leid, aber ich komme erst um 9 nach Hause. Ich habe den Zug ____________________ und nach dem ____________________ kommt der nächste erst in einer Stunde.

○ Macht nichts, Liebling. Timo ist gerade hier und wir unterhalten uns prima.

5 Was passiert hier? Ergänzen Sie.

R____________________ – *BUMMM!*

V____________________ – *BUMMM!*

Jetzt ist das Auto

ge____________________.

6 Silbenrätsel – Was bedeuten die Abkürzungen: TÜV, Pkw, Kfz?

BER EIN ER FAHR GEN KRAFT KRAFT NEN NISCH PER SO TECH
Ü UNGS VER WA WACH ZEUG

TÜV ____________________

Pkw ____________________

Kfz ____________________

MEHR ÜBEN? Wählen Sie aus der Liste auf Seite 33 fünf Wörter aus und schreiben Sie damit einen kurzen Text.

Beispiel:

Ich fahre immer mit der U-Bahn zur Arbeit. Ich habe eine Monatskarte. ...

7 Angst im Verkehr – Ergänzen Sie.

[achtgeben • aufpassen • gefährlich • (die) Ampel • (die) Kontrolle • vorsichtig]

Fahr ______________________! Die Kreuzung ist ______________________ und um die Ecke ist eine Schule.

Kannst du nicht ______________________! Fast hättest du den Radfahrer umgefahren!

Halt an! Die ______________________ ist rot. Bist du blind?

______________________, da vorn steht die Polizei, das ist bestimmt eine ______________________.

8 Lesen Sie zuerst das Beispiel. Schreiben Sie dann einen ähnlichen Text.

Gestern wollte ich zur Arbeit fahren. Aber schon an der ersten Ampel ging der Motor aus und ich musste das Auto an der Straße parken. Dann wollte ich mit dem Bus fahren. Aber ich kenne den Fahrplan nicht und musste 30 Minuten warten. Jetzt kaufe ich mir eine Monatskarte und fahre nur noch mit dem Bus.

7 Einkaufen: Lebensmittel, Kleidung, andere Produkte

Lebensmittel

der Käse *Sg.*
die Nudel, -n
die Orange, -n
die Suppe, -n
die Bohne, -n
die Zitrone, -n
der Zucker *Sg.*
die Schokolade *Sg.*
das Eis *Sg.*
sauer — süß

das Rind, -er
das Schwein, -e
die Wurst, ¨-e
fett — mager
frisch
probieren, hat probiert
komisch

die Dose, -n
die Tüte, -n
tragen, hat getragen
das Pfund, -e
außerdem
leer
die Brieftasche,-n — die Geldbörse, -n
circa (ca.)

> Die **Wurst** schmeckt **komisch**. **Probier** mal!
> **Außerdem** möchte ich noch Käse.
> Die Packung war **leer**.

Einkaufen

das Zentrum, Zentren
der Markt, ¨-e — der Supermarkt, ¨-e
geöffnet — offen
das Produkt, -e
der Kinderwagen, ¨
das Sonderangebot, -e
der Rabatt, -e — die Rate, -n
der Schlussverkauf, ¨-e
sparen, hat gespart — preiswert
vergleichen, hat verglichen
das Lager, –
der Katalog, -e
die Garantie, -n
die Quittung, -en

Kleidung

das Hemd, -en
die Hose, -n
das Kleid, -er
der Anzug, ¨-e
der Mantel, ¨
der Pullover, –
der Rock, ¨-e
die Bluse, -n
das T-Shirt, -s
das Loch, ¨-er
eng — weit
passen, hat gepasst
ändern, hat geändert
die Mode, -n — modern
die Qualität, -en
das Material, Materialien
der Stoff, -e
die Kette, -n
weich — hart

INFO
Ein Brot ist **alt** oder **frisch.**
Ein Haus ist **alt** oder **neu.**
Ein Mensch ist **alt** oder **jung.**

Welche Wörter kennen Sie? Markieren Sie.
Machen Sie Karten für die unbekannten Wörter oder notieren Sie sie in einem Wörterheft.

Vokale spricht man lang oder kurz.
Sprechen Sie laut:

alt, fett, …

↓: alt – tragen, fett – leer, frisch …

kurz	alt	fett	frisch	offen	das Produkt	geöffnet	ändern	müssen
lang	tragen	leer	sieben	die Dose	die Bluse	hören	der Käse	die Tüte

Kennen Sie die Regeln? Schauen Sie auf Seite 4 nach.

Markieren Sie 15 Wörter mit langem Vokal aus der Liste auf Seite 39. Sprechen Sie die Wörter laut.

Welche Wörter sind für Sie schwierig? Markieren Sie die Wörter und sprechen Sie sie dann langsam. Sprechen Sie schwierige Wörter öfter laut.

1 Essen und Trinken – Notieren Sie ins Heft. Sie brauchen Hilfe? Die Liste unten hilft.

1. Sie möchten einen Salat machen. Was kaufen Sie?

   Kopfsalat, Essig

2. Sie machen ein großes Fest. Welche Getränke brauchen Sie? Welche Getränke kaufen Sie nicht?
3. Sie sind in einer Bäckerei. Was können Sie dort kaufen?
4. Sie sind in einer Metzgerei. Was können Sie dort kaufen?
5. Welches Obst können Sie in Deutschland kaufen?

der Apfel, ¨ • die Banane, -n • das Bier, -e • die Birne, -n • das Brot, -e • das Brötchen, – • die Butter Sg. • das Ei, -er • der Fisch, -e • das Fleisch Sg. • das Gemüse Sg. • das Getränk, -e • das Hähnchen, – • der Kaffee Sg. • die Kartoffel, -n • der Kuchen, – • die Milch Sg. • das Obst Sg. • das Öl Sg. • die Olive, -n • die Paprika, -s • der Reis Sg. • der Saft, ¨-e • die Sahne Sg. • der Salat, -e • das Salz Sg. • der Schinken Sg. • der Tee Sg. • die Tomate, -n • das Wasser Sg. • der Wein, -e

MEHR ÜBEN? Welche Wörter sind für Sie wichtig? Arbeiten Sie mit dem Wörterbuch.

2 Zahlen und Geld

a Was kostet das? Schreiben Sie.

32,25 Euro _zweiunddreißig Euro und fünfundzwanzig Cent_____________

6,99 Euro ____

58,39 Euro ____

93,17 Euro ____

124,21 Euro ____

b Im Supermarkt. Ergänzen Sie. Brauchen Sie Hilfe? Unten finden Sie Hilfe.

- ● Was k _ _ _ _ _ _ die Tomaten?
- ○ Ein K _ _ _ kostet 1,29 Euro.
- ● Das ist sehr b _ _ _ _ _.
- ○ Ja, die Tomaten sind heute im A _ _ _ _ _ _ _.
- ● Ein Kilo ist mir zu viel, ich nehme ein P _ _ _ _.
- ○ Möchten Sie a _ _ _ _ _ _ _ _ noch etwas?
- ● Nein, danke. Wo muss ich das b _ _ _ _ _ _ _ _?
- ○ Bitte alles an der K _ _ _ _ zahlen.
- ■ Das m _ _ _ _ 65 Cent.
- ● Oh, ich habe mein G _ _ _ vergessen.
- ■ Sie müssen nicht b _ _ bezahlen. Sie können auch mit K _ _ _ _ _ _ _ _ _ _ zahlen.
- ● 65 Cent?

die Kreditkarte, -n • das Geld *Sg.* • die Kasse, -n • außerdem • das Pfund, -e • das Kilo, -s • billig • kosten • das Angebot, -e • bezahlen • machen • bar

3 Farben – Ergänzen Sie die Adjektive in der richtigen Form.

[grün • blau • rot • gelb]

1. Ich möchte gerne die r__________________ Paprika, die g__________________ mag ich nicht.
2. Bitte geben Sie mir eine r__________________ Tomate und ein Kilo g__________________ Bananen.
3. Von g__________________ Birnen bekomme ich immer Bauchschmerzen.
4. B__________________ Lebensmittel gibt es ganz selten.
5. Wenn man Blaubeeren isst, bekommt man einen ganz b__________________ Mund!

4 Einkaufen – Ergänzen Sie. Sie brauchen Hilfe? Die Wörter unten helfen.

Liebe Susanne,

du fragst, wie mein Alltag in Essen ist? Wichtig ist das Essen hier!!

Meine Lebensmittel kaufe ich meistens im **Sup**_______________. Der hat bis 20 Uhr **geö**_______________. Da gibt es immer **Son**_______________ und die **Pr**_______________ sind o.k. Da kaufe ich auch manchmal Fleisch, meistens Geflügel. Wurst esse ich selten, es gibt nur welche vom **Schw**_______________ oder vom **Ri**_______________ und die ist ziemlich **f**_______________. Am Wochenende ist hier **Ma**_______________. Da kaufe ich am liebsten ein, weil alles so **fr**_______________ und gesund aussieht. Das Gemüse ist aber nicht sehr **pre**_______________ und man muss die Preise **ver**_______________. Beim Griechen gibt es guten **Kä**_______________ und Oliven, da darf man **pr**_______________ und meistens bekommt man auch **Ra**_______________ – kein Geld, aber vielleicht ein paar Oliven extra.

Wenn ich nachts merke, dass der Kühlschrank ganz **l**_______________ ist, dann gehe ich zur Tankstelle, die ist Tag und Nacht **o**_______________.

Leider habe ich 6 Kilo zugenommen! Nichts **pa**_______________ mir richtig, alles ist zu **e**_______________! Am Wochenende gehe ich ins **Ze**_______________, da ist **Schl**_______________ und ich brauche **dri**_______________ ein paar Sachen für den Winter. Vielleicht finde ich dort einen **Ma**_______________. Aber eigentlich will ich auch kein Geld ausgeben. Ich muss **sp**_______________, weil der Umzug so teuer war. Ich sollte weniger essen, dann gebe ich weniger Geld aus und brauche keine neuen **Kl**_______________.

Wir telefonieren nächste Woche!

Petra

dringend • eng • fett • frisch • geöffnet • der Käse *Sg.* • das Kleid, -er • leer • der Mantel, ¨ • der Markt, ¨-e • offen • passen • preiswert • probieren • das Produkt, -e • der Rabatt, -e • das Rind,-er • der Schlussverkauf, ¨-e • das Schwein, -e • das Sonderangebot, -e • sparen • der Supermarkt, ¨-e • vergleichen • das Zentrum, Zentren

5 Finden Sie die Wörter und ergänzen Sie.

BOHNENKOMISCHORANGENZUCKERSAUER

EISSCHOKOLADESALATZITRONESÜSSFETT

1. Viele Deutsche sind so dick, weil sie zu ________________ und zu viel ________________ essen.
2. Anna isst alles gern, was ________________ ist – ________________, ________________ und Kuchen.
3. Katharina mag am liebsten ________________ mit Olivenöl und ________________.
4. Michael isst gern Obst, am liebsten ________________.
5. ● Magst du Gemüsesuppe?

   ○ Es geht, aber ohne ________________. Am liebsten esse ich aber Nudeln.
6. ● Die Milch schmeckt ________________. Probier mal, ist sie ________________?

6 Ein Quiz – Wie heißen die Antworten?

1. Diese Frucht wächst nicht in Deutschland. Sie braucht viel Sonne: _ _ a _ _ _.
2. Diese Frucht ist gelb und sauer: _ _ _ _ _ _ e.
3. Tomaten kann man frisch kaufen oder in der _ _ _ e.
4. In Schokolade, Eis und Kuchen ist viel _ _ c _ _ _.
5. Wenn man Preise vergleicht, _ _ a _ _ man Geld.
6. Wie heißt das Gegenteil?

   voll – _ _ e _ hart – _ e _ _ _ süß – _ _ _ e _.
7. Ich kaufe ein Auto und zahle jeden Monat 350 Euro. Das heißt, ich zahle in _ _ t _ _.

7 Was passt nicht? Streichen Sie durch. Notieren Sie anschließend die Pluralformen zu den Nomen.

1.	die Wurst	das Fleisch	das Schwein	das Rind	die Katze
2.	das Loch	die Bluse	der Rock	das Kleid	der Anzug
3.	der Anzug	das Hemd	die Bluse	die Hose	der Mann
4.	die Frau	das Hemd	das Kleid	der Pullover	der Rock
5.	die Schokolade	die Zitrone	das Eis	der Kuchen	der Zucker
6.	das Glas	die Dose	die Flasche	das Kilo	die Packung

MEHR ÜBEN? Schreiben Sie Sätze, Fragen und kleine Dialoge.

● *Magst du Schokolade?*

○ *Nein, aber ich esse gern Pralinen!*

8 Beim Einkaufen – Ergänzen Sie.

(die) Hose • weich • passen • (der) Kinderwagen • (der) Katalog • (die) Qualität • (die) Garantie • modern • (das) Material • (der) Mantel • (der) Stoff • (das) Lager • (die) Quittung • eng • ändern

Dialog 1

- ● Ich habe Ihren ________________ im Briefkasten gehabt. Haben Sie diese Schuhe noch?
- ○ Ich weiß es nicht. Ich schau mal im ________________.
- ● Danke.

Dialog 2

- ● Ich habe vor zwei Wochen diese Schuhe gekauft und einer ist schon kaputt. Die Schuhe waren nicht billig, aber die ________________ ist sehr schlecht.
- ○ Haben Sie die ________________ noch?
- ● Hier, bitte. Wie lange gibt es denn ________________ auf den Kauf?
- ○ Das weiß ich nicht, da muss ich den Chef fragen.

Dialog 3

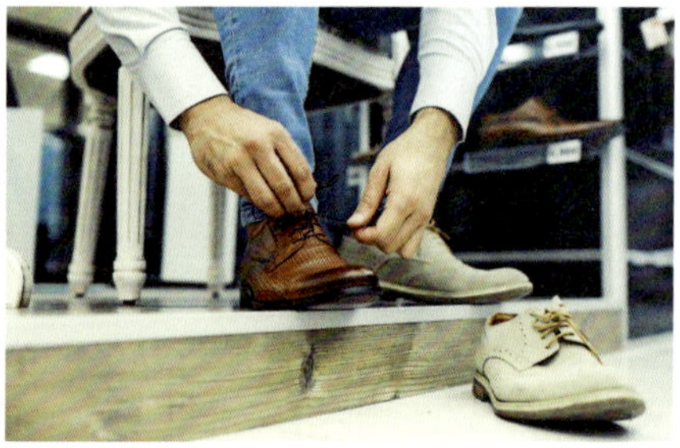

- ● Dieser Schuh ________________ nicht so gut. Der ist vorne etwas ________________ .
- ○ Das ist jetzt ________________. Das ________________ ist aber ________________, vielleicht laufen Sie mal ein wenig.

Dialog 4

- ● Der ________________ ist zu lang. Kann man den hier auch ________________ ?
- ○ Natürlich, das kostet 35 Euro.

Dialog 5

- ● Ich brauche eine ________________ für meine Tochter. Größe 104.
- ○ Wie gefällt Ihnen diese? Das ist eine sehr gute Qualität und der ________________ ist sehr weich.
- ● Die kostet ja 65 Euro! Das ist mir zu teuer. Meine Tochter sitzt ja meistens im ________________ .

8 Wirtschaft und Politik

Industrie

die Industrie *meistens Sg.*
der Betrieb, -e
die Fabrik, -en
das Produkt, -e
die Ware, -n
herstellen, hat hergestellt
die Qualität *meistens Sg.*
der Export, -e – der Import, -e
der Kunde, -n – die Kundin, -nen
verkaufen, hat verkauft

> Wir stellen Waren von hoher **Qualität** her.

Arbeitsleben

die Gewerkschaft, -en
der Betriebsrat, ⸚e – die Betriebsrätin, -nen
der Streik, -s
streiken, hat gestreikt
entlassen, hat entlassen
die Kündigung, -en
kündigen, hat gekündigt
der Ärger *Sg.*
sich ärgern, hat sich geärgert
schade
die Freude *Sg.*
sich freuen, hat sich gefreut

die Schicht, -en
die Überstunde, -n
die Teilzeit *Sg.* – die Vollzeit *Sg.*
stundenweise

> Die Firma **entlässt** 50 Arbeitnehmer.
> Ralf hat **gekündigt**.
> Meine Kollegin **ärgert** mich.
> Jeden Tag habe ich **Ärger** mit ihr.
> **Schade**, dass ihr euch nicht besser versteht.
> Ich arbeite nur **stundenweise**.
> Meine Arbeit macht mir meistens **Freude**.

Bezahlung

der Tarif, -e
der Lohn, ⸚e
niedrig – hoch
die Steuer, -n – die Mehrwertsteuer, -n
die Lohnsteuer, -n
die Wirtschaft
netto – brutto
genug

Leistungen

die Rente, -n – pensioniert
der Rentner, – – die Rentnerin, -nen
endlich
die Senioren *Pl.*
die Versichertenkarte, -n
die Sozialhilfe *Sg.*

> Meine **Rente** ist sehr niedrig.
> Sie wird mit 65 **pensioniert**.
> **Endlich** muss ich nicht mehr arbeiten.

Politik

der Einwohner, – – die Einwohnerin, -nen
die Partei, Parteien
die Regierung
wählen, hat gewählt
der Krieg, -e – der Frieden *Sg.*
die Gewalt *Sg.*
reich – arm
das Recht, -e
recht haben, hat recht gehabt

> Berlin hat 3,4 Mio. **Einwohner**.
> **Krieg** und Frieden
> Keine **Gewalt**!
> Alle Bürgerinnen und Bürger haben **Rechte** und Pflichten.
> Du hast **recht**.

Welche Wörter auf Seite 45 kennen Sie? Markieren Sie.
Machen Sie Karten für die unbekannten Wörter oder notieren Sie sie in einem Wörterheft.

INFO **Englisch/Deutsch – Finden Sie diese Wörter auf Deutsch in der Liste auf Seite 45. Manche sind gleich, manche ähnlich, manche ganz anders.**

export · fabric [!] · factory · full-time · import · industry · part-time · overtime · pension · party · product · politics · rent [!] · rich · quality · senior citizen · social security · strike · tariff [!]

Die Wörter mit [!] sind falsche Freunde. Überprüfen Sie sie mit dem Wörterbuch.

Welche anderen englischen Wörter aus dem Bereich Wirtschaft und Politik kennen Sie noch? Sammeln Sie und schlagen Sie die deutschen Wörter im Wörterbuch nach. Was ist ähnlich, was ist anders?

Sprechen Sie die Wörter laut.
Sie sprechen kein *r*, Sie sprechen *a*.

die Steu**er** • **der** Einwohn**er** • **der** Ärg**er** • sich ärg**ern** • **ver**kaufen • **her**stellen

Kennen Sie die Regeln? Schauen Sie auf Seite 4 nach.
Unterscheiden Sie.

ie die Industr**ie** • der Betr**ie**b • pension**ie**rt • **die** Reg**ie**rung
ai str**ei**ken • die Part**ei** • die T**ei**lz**ei**tarb**ei**t • **r**eich • stundenw**ei**se

1 Welche Wörter aus dem Bereich Wirtschaft, Arbeit, Beruf … kennen Sie bereits? Schreiben Sie sie in eine Tabelle. Notieren Sie auch die Artikel und die Pluralformen bzw. die Verbformen.

Nomen	Adjektive	Verben
	arbeitslos	anfangen, er fängt an, hat angefangen

anfangen • die Arbeit (hier Sg.) • arbeiten als … • arbeitslos • der Arbeitsplatz, ¨-e • die Arbeitswoche, -n • der Beruf, -e • das Büro, -s • der Chef, -s • die Chefin, -nen • der Feierabend, -e • die Firma, Firmen • gut • der Job, -s • leicht • der Plan, ¨-e • das Praktikum, Praktika • schlecht • schwer • selbstständig • die Stelle, -n • der Termin, -e • der Urlaub, -e • verdienen

2 Ordnen Sie die passenden Wörter aus der Liste von Seite 45 zu.

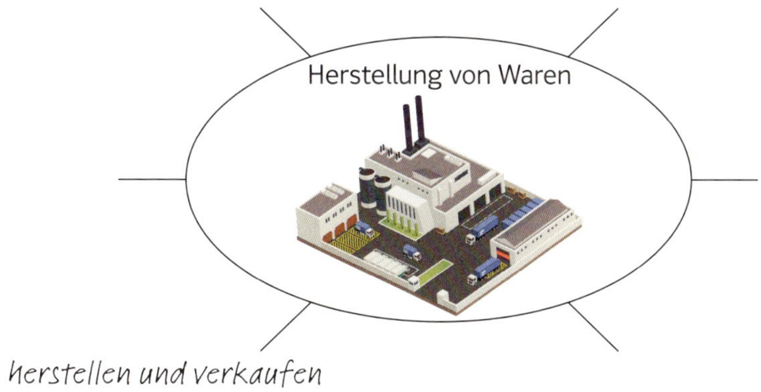

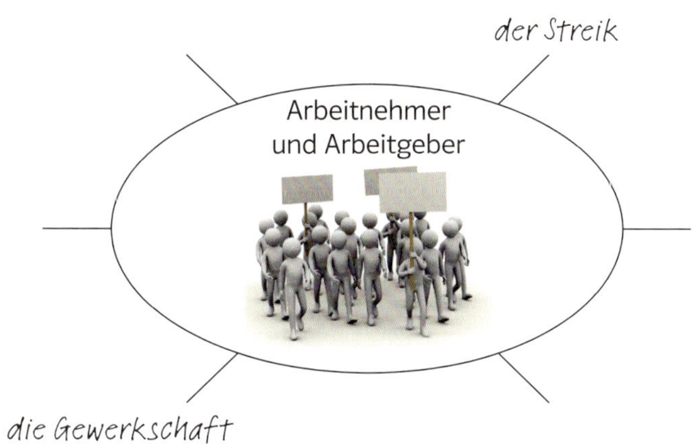

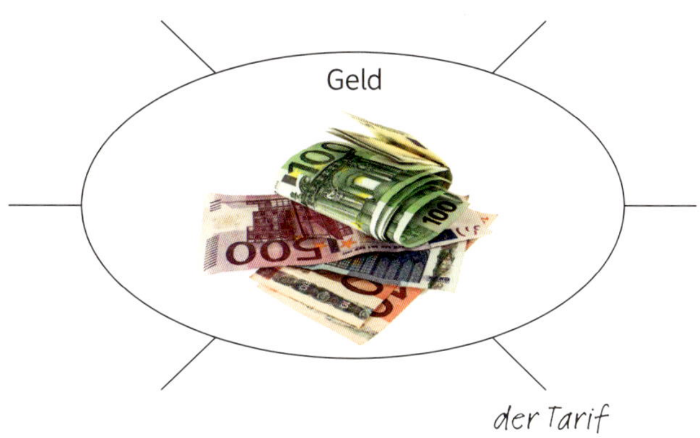

3 Definitionen – Schreiben Sie das passende Wort aus der Liste auf Seite 45 dazu.

1. Diese Organisation vertritt die Interessen der Arbeitnehmer. ______________________
2. In diesem Gebäude stellt man Produkte her. ______________________
3. Wenn man weniger als die normale Arbeitszeit arbeitet. ______________________
4. Der Chef sagt: Sie können hier nicht mehr arbeiten. ______________________
5. Diese Organisation vertritt eine politische Meinung. ______________________
6. Sie hat die Macht im Land und bestimmt die Politik. ______________________
7. Wenn man alt ist und nicht mehr arbeitet, bekommt man das. ______________________
8. Wenn die Arbeitnehmer mehr Geld wollen, dann müssen sie das manchmal tun. ______________________
9. Diese Steuer ist auf jedem Produkt und jeder Dienstleistung. ______________________
10. Die Karte zeigt, dass man versichert ist. ______________________

4 Wie heißen die Nomen oder Verben?

Nomen	Verben
die Entlassung	
	produzieren
die Kündigung	
	importieren
die Herstellung	
	streiken
die Wahl	

5 Wie heißt das Gegenteil?

der Verkäufer	______________	der Import	______________
die Teilzeit	______________	netto	______________
der Frieden	der Krieg	reich	______________
hoch	______________	kaufen	______________

6 Wirtschaft – Ergänzen Sie die Texte.

[(die) Arbeitszeit • (die) Gewerkschaft • (die) Gewerkschaft • (der) Lohn]

1. In Deutschland gibt es in der Arbeitswelt viele Organisationen. Die meisten Arbeitgeber sind in Arbeitgeberverbänden und viele Arbeitnehmer sind Mitglied in einer ______________________. ______________________ und Arbeitgeber machen Verträge. In diesen Verträgen regelt man den ______________________, die ______________________ und andere Arbeitsbedingungen.

[stundenweise • (die) Teilzeit • (die) Überstunden • (die) Vollzeit]

2. Viele Arbeitnehmer arbeiten heute ______________________ oder ______________________, also nur einen Teil der tariflich festgelegten ______________________. Wenn Arbeitnehmer mehr als die normale Arbeitszeit arbeiten, dann sind das ______________________. Dafür gibt es normalerweise mehr Geld.

[(der) Betrieb • (der) Betrieb • (der) Betriebsrat • entlassen • (das) Recht • streiken • (der) Tarif]

3. Ein Arbeitgeber kann einen Arbeitnehmer ______________________, wenn es z. B. nicht genug Arbeit gibt. Dabei muss er aber die ______________________ der Arbeitnehmer beachten. Die stehen in Gesetzen und in den ______________________-verträgen. In größeren ______________________ gibt es meistens einen ______________________. Dieser vereinbart mit der Geschäftsleitung die Arbeitsbedingungen im konkreten ______________________. Wenn es bei den Tarifverhandlungen Probleme gibt, dann dürfen die Arbeitnehmer ______________________.

[(die) Lohnsteuer • (die) Mehrwertsteuer • (die) Steuer]

4. Alle Einwohner Deutschlands, die Geld verdienen, müssen ______________________ bezahlen. Die Arbeitnehmer zahlen die ______________________. Eine andere wichtige Steuer ist die ______________________. Sie ist bei allen Produkten und Dienstleistungen dabei, die man kauft. Sie beträgt zurzeit 19 %. Bei Lebensmitteln und Büchern z. B. beträgt sie aber nur 7 %.

[(die) Pension • pensioniert • (die) Rente]

5. Wer gearbeitet hat, bekommt im Alter eine ______________________. Früher bekam man sie ab 65 Jahre, heute ist das Eintrittsalter immer wieder in der Diskussion. Die meisten Deutschen werden aber auch heute noch vor dem 65. Lebensjahr verrentet bzw. ______________________. Beamte bekommen eine ______________________.

7 Im Betrieb – Ergänzen Sie die Sätze.

[pensioniert • (der) Betriebsrat • wählen • (die) Sozialhilfe • ärgern • (die) Gewerkschaft • (die) Rente • niedrig • endlich • genug • (die) Schicht • (die) Versichertenkarte • (der) Betrieb]

1. Ich gehe zum Chef. Frau Weiß ________________ mich jeden Tag. Ich halte das nicht mehr aus. Ich habe nur Probleme mit ihr.
2. Ich suche mir einen neuen Job. Ich verdiene hier nicht ________________. Und ich möchte nicht mehr ________________ arbeiten. Ich möchte einen Job, bei dem ich immer um 8 anfange und um 5 aufhöre.
3. Schade, dass es dir hier nicht gefällt. Ich finde den ________________ sehr angenehm.
4. ● Nächste Woche müssen wir den neuen ________________ ________________. Wen wählst du?
5. ○ Ich bin für die Leute von der ________________.
6. Ich bin seit einem Jahr ________________. Aber ich arbeite noch ein bisschen. Meine ________________ ist nicht sehr hoch. Sie ist sogar sehr ________________.
7. Ich warte darauf, dass ich ________________ in Rente gehen kann. Ich bin müde und kann nicht mehr so viel arbeiten.
8. Wenn du zum Arzt gehst, musst du die ________________ mitnehmen.
9. Roman ist jetzt schon über ein Jahr arbeitslos. Erst hat er Arbeitslosengeld bekommen und jetzt bekommt er ________________, also Arbeitslosengeld II.

8 Politik und Recht – Ergänzen Sie die Sätze.

[(die) Partei • (das) Recht • wählen • (die) Gewalt • recht haben • (die) Partei]

1. Die Bundesrepublik Deutschland ist eine demokratische Gesellschaft. Ein wichtiges Element sind die politischen ________________.
2. Alle vier Jahre ________________ die Bürger den Bundestag. Fast alle Bundestagsabgeordneten sind Mitglied einer ________________. Der Bundestag ist in Berlin.
3. Ein wichtiges Ziel in einer Demokratie ist es, dass man Konflikte im Gespräch löst und nicht mit ________________.
4. Alle Bürgerinnen und Bürger haben ________________ und Pflichten. Wenn es Probleme gibt, entscheiden am Ende die Gerichte, wer ________________ ________________ und wer nicht.

Das deutsche Parlament: der Bundestag

9 Beruf und Ausbildung

Ausbildung

der/die Azubi, -s (= Auszubildende/r)
die Ausbildung, -en
abschließen, hat abgeschlossen
die Lehre, -n
die Universität, -en

die Bewerbung, -en
die Kenntnisse *Pl.*
die Erfahrung, -en
das Zeugnis, -se
die Note, -n

die Prüfung, -en
bestehen, hat bestanden
lösen, hat gelöst
zuordnen, hat zugeordnet
nervös — ruhig
die Angst, ̈-e

der Unterschied, -e
denken, hat gedacht
die Einführung, -en
dauern, hat gedauert
(sich) erinnern, hat (sich) erinnert
zurechtkommen, ist zurechtgekommen

> Ich habe die **Prüfung bestanden**!
> Ich konnte alle Aufgaben **lösen**.
> Sie müssen die Texte dem Bild **zuordnen**.
> Die Einführung **dauert** nur zehn Minuten.

Büro

das Büro, -s
der Sekretär, -e — die Sekretärin, -nen
notieren, hat notiert
aufschreiben, hat aufgeschrieben
speichern, hat gespeichert
die Notiz, -en
der Zettel, –
verlieren, hat verloren

> einen Namen **notieren/aufschreiben**
> eine **Notiz** schreiben, sich **Notizen** machen
> Ich habe den **Zettel** verloren!

Beruf

der Kollege, -n — die Kollegin, -nen
der Mechaniker, – — die Mechanikerin, -nen
der Techniker, - — die Technikerin, -nen
der Handwerker, – — die Handwerkerin, -nen
der Architekt, -en — die Architektin, -nen
der Praktikant, -en — die Praktikantin, -nen
der Ingenieur, -e — die Ingenieurin, -nen
der Journalist, en — die Journalistin, -nen
das Praktikum, die Praktika
die Aushilfe, -n
das Gegenteil, -e
langweilig — interessant

der Friseur, -e — die Friseurin, -nen
waschen, hat gewaschen
trocken — nass
schneiden, hat geschnitten
lassen, hat gelassen (hat + Infinitiv + lassen)

INFO notieren = aufschreiben

INFO **abschließen:**
Ich **schließe** dieses Jahr meine Lehre **ab**.
Hast du die Tür **abgeschlossen**?

Welche Wörter auf Seite 51 kennen Sie? Markieren Sie.
Machen Sie Karten für die unbekannten Wörter oder notieren Sie sie in einem Wörterheft.

Sprechen Sie die Wörter laut.

-ung

die Ausbildung • die Prüfung • die Einführung • die Bewerbung • die Erfahrung

Unterscheiden Sie: Sie sprechen *r*, Sie sprechen kein *r*, sondern *a*.

a dau**ern** • erinn**ern** • speich**ern** • der Mechanik**er** • der Handwerk**er** • der Fris**eur** (Fris**ör**)

r notieren • verlieren • die Handwerkerin • die Mechanikerin • die Friseurin

Sprechen Sie die Wortpaare.

der Handwerker • die Handwerkerin
der Mechaniker • die Mechanikerin
der Friseur • die Friseurin
der Bäcker • die Bäckerin

Wortbildung – Nomen mit der Endung *-ung* sind immer feminin.

ausbilden • (die) Ausbild**ung**
(sich) bewerben • (die) Bewerb**ung**
prüfen • (die) Prüf**ung**
erfahren • (die) Erfahr**ung**
einführen • (die) Einführ**ung**

1 Wiederholung A1 – Sammeln Sie Wortpaare/Wortgruppen. Schreiben Sie kurze Sätze, Fragen und Dialoge.

der Text – verstehen	Ich verstehe den Text nicht.
verstehen – sprechen – langsam	Ich verstehe Sie nicht. Bitte sprechen Sie langsam.
heißen – Wort – buchstabieren	Wie ...

das Wort, ¨-er • schreiben • wiederholen • die Hausaufgabe, -n • sprechen • langsam • verstehen • bedeuten • buchstabieren • der Buchstabe, -n • die Sprache, -n • falsch/richtig • behalten • heißen • hören • das Beispiel, -e • erklären • abgeben • beginnen • pünktlich • die Frage, -n • die Antwort, -en • fehlen • die Aufgabe, -n • die Aussage, -n • lesen • der Text, -e • die Prüfung, -en • können • der Unterricht *Sg.* • sprechen

MEHR ÜBEN? Schreiben Sie Dialogvarianten:

z. B. ● Ich verstehe das nicht. – Bitte sprechen Sie langsamer.
– Können Sie das noch einmal wiederholen?

2 Lernen – Ergänzen die passenden Wörter.

[behalten • lesen • (die) Übung • schreiben • (der) Bleistift • (das) Papier • (das) Buch • schreiben • verstehen • wiederholen • (der) Kugelschreiber • hören • lernen]

Man schreibt mit einem B_______________ oder mit einem K_______________.

Sie schreiben die Ü_______________ auf das P_______________ oder direkt ins B_______________.

Einen Text können Sie s_______________, l_______________, h_______________, v_______________.

Wörter können Sie l_______________, w_______________, s_______________, b_______________.

3 Im Kurs – Ergänzen Sie.

[verstehen • (der) Unterricht • (das) Beispiel • buchstabieren • erklären • wiederholen • bedeuten • (der) Test]

Was _______________ dieses Wort?

Können Sie bitte ein _______________ geben?

Wann schreiben wir den _______________?

Bitte _______________ Sie diesen Namen.

Wann ist der _______________ zu Ende?

Bitte _______________ Sie die Hausaufgabe noch einmal.

Können wir die Grammatik _______________?

Das _______________ ich nicht.

4 Arbeit und Beruf – Schreiben Sie Porträts wie im Beispiel.

[arbeiten als • (der) Feierabend • von Beruf … sein • selbstständig sein • verdienen • (das) Geld • lang/kurz • schwer/leicht • (der) Arbeitstag • (die) Arbeitswoche • (der) Urlaub • (das) Wochenende • von ... bis • einen Job haben • ein Praktikum machen • im Büro • in der Firma • viel/wenig • arbeiten bei • in der Woche • am Tag • arbeitslos sein • zu Hause]

1. Beruf/Arbeit?	Ich bin Mechaniker von Beruf.
2. Arbeitsplatz?	Ich arbeite in einer Firma, bei STORCK.
3. Arbeitszeit?	Ich arbeite von 6.30 bis 15.30 Uhr.
4. Geld?	Ich verdiene gut.
5. Freizeit?	Am Wochenende habe ich frei.

Ich bin Mechaniker von Beruf und arbeite zurzeit bei der Firma STORCK. Ich fange morgens um halb sieben an und arbeite bis halb vier. Ich verdiene ganz gut. Am Wochenende habe ich immer frei und ich habe sechs Wochen Urlaub im Jahr.

5 Im Büro – Ergänzen Sie.

[zuordnen • speichern • (der) Zettel • nervös • (die) Sekretärin • notieren • (die) Notiz • aufschreiben • (die) Einführung • lösen • (der) Unterschied • (das) Büro]

Dialog 1

● Guten Morgen, ich suche Frau Sutter. Ist sie nicht in ihrem ______________________ ?

○ Nein, einen Moment bitte, ich frage Frau Dietzel, das ist ihre ______________________ .

Dialog 2

● Können Sie mir einen ______________________ geben ? Ich möchte mir den Termin ______________________ .

○ Gerne. Soll ich Herrn Bensch eine ______________________ schreiben, dass Sie hier waren?

Dialog 3

● Haben wir Ihre Telefonnummer schon ______________________ ?

○ Ich weiß es nicht, ich kann sie Ihnen aber noch einmal ______________________ .

Ankündigung

Unser Büro arbeitet mit einem neuen Computerprogramm. Um 8.30 Uhr findet eine ______________________ statt. Sie brauchen nicht ______________________ zu sein, das Training ist sehr nah an der Praxis. Herr Mauscher gibt Ihnen Aufgaben aus Ihrem Büroalltag, die Sie mit Kollegen gemeinsam ______________________. Der Kursleiter zeigt Ihnen die ______________________ zu dem alten Programm und hilft Ihnen, dass Sie die neuen Funktionen richtig ______________________ können.

6 Ergänzen Sie. Sie brauchen Hilfe? Die Liste auf Seite 51 kann helfen.

Interview 1

● Wie viele An _ _ _ _ _ _ _ _ _ arbeiten in der Fir _ _?

○ Im Moment si _ _ wir mit mir fünf Kol _ _ _ _ _ : W _ _ haben zwei Anges _ _ _ _ _ _ und einen Az _ _ _, der im näch _ _ _ _ Jahr seine Le _ _ _ abschließt. Im Mom _ _ _ gibt es vi _ _ Arbeit, deshalb ha _ _ ich noch eine Aus _ _ _ _ _. Seit Anf _ _ _ Juni haben w _ _ auch einen Prakti _ _ _ _ _ _, Peter. Peter möchte im näch _ _ _ _ Jahr eine Le _ _ _ bei uns machen. Er möc _ _ _ eine Ausbildung als Mech _ _ _ _ _ _ machen.

Interview 2

● Wie lange da _ _ _ _ die Aus _ _ _ _ _ _ _ _? Haben die jun _ _ _ Menschen die Mög _ _ _ _ _ _ _ _ _, anschließend in Ih _ _ _ Firma zu ar _ _ _ _ _ _ _?

○ Die Ausbildung dauert drei Ja _ _ _ und wir machen sehr gute Erf _ _ _ _ _ _ _ _ _ mit uns _ _ _ _ Azubis. Leider sind w _ _ nur ein kleiner Be _ _ _ _ _ und können unsere Az _ _ _ _ nach der Aus _ _ _ _ _ _ _ meistens nicht über _ _ _ _ _ _. Die meisten verlas _ _ _ uns aber mit se _ _ guten Ken _ _ _ _ _ _ _ _ _. Für eine Bew _ _ _ _ _ _ ist ein Zeu _ _ _ _ mit guten No _ _ _ wichtig. Das Wichtigste ist aber, dass der Be _ _ _ den jungen Menschen Sp _ _ macht, dann werden sie auch in anderen Be _ _ _ _ _ _ _ zurec _ _ _ _ _ _ _ _.

Interview 3

● Haben Ihre Azubis nach der L _ _ _ _ einen Arbei _ _ _ _ _ _ _ in ihrem neuen Beruf bekommen?

○ Viele ja, aber nicht a _ _ _. Manche arbeiten als selbstständige Han _ _ _ _ _ _ _, manche gehen weiter z _ _ Schule, machen Pr _ _ _ _ _ _ _ und gehen zur Uni _ _ _ _ _ _ _ _. Ich erin _ _ _ _ mich zum Beispiel an Robert. Der hat bei mir vor vier Ja _ _ _ _ gelernt und hat in diesem Jahr sein A _ _ _ _ _ mit der Note 2,1 best _ _ _ _ _. Ich de _ _ _, er geht jetzt zur Universität.

7 Beim Friseur – Ergänzen Sie die Sätze.

[(die) Erfahrung • dauern • (das) Gegenteil • (der) Friseur • lassen • waschen (2x) • praktisch • (das) Haar • langweilig • schneiden • trocken]

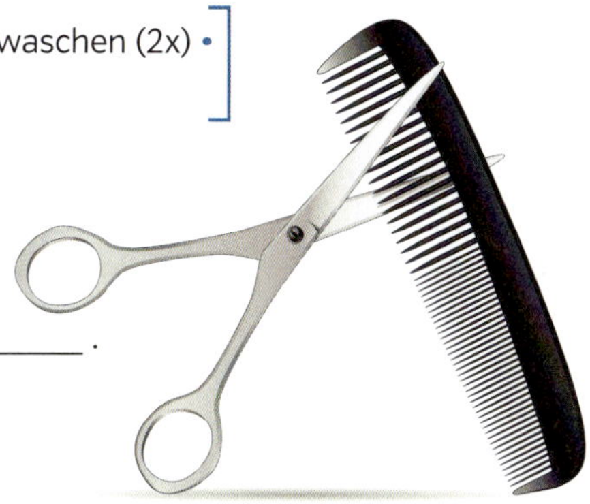

● Ich gehe heute zum ______________________.

○ Und? Was macht er?

● Nicht viel. Ich lasse mir nur die Haare etwas ______________________.

○ Wir wollten uns doch in einer Stunde im Café treffen.

● Ja, bei mir ______________________ es nicht lange. Ich ______________________ mir die Haare immer ______________________ schneiden und ______________________ sie dann später zu Hause. Das ist billiger und ______________________. Damit habe ich die besten ______________________ gemacht.

○ Mit deinen ______________________ hast du wirklich Glück! Du siehst nie ______________________ aus. Meine Haare sind das ______________________ – dünn und immer fettig. Ich muss sie jeden Tag ______________________.

10 Dienstleistungen und Behörden

Ämter

das Rathaus, ¨-er
das Standesamt, ¨-er
das Amt, ¨-er
das Sozialamt, ¨-er
das Ausländeramt, ¨-er
der Beamte, -en — die Beamtin, -nen
verlängern, hat verlängert
nötig — unnötig
dringend
freiwillig
die Behörde, -n
das Fundbüro, -s
die Feuerwehr, -en
der Beirat, -räte

die Förderung, -en
die Beratung, -en
die Berechtigung, -en
der/die Erziehungsberechtigte, -n
die Ermäßigung, -en
die Gebühr, -en
der Betrag, ¨-e
einzahlen, hat eingezahlt
der Kredit
die Versicherung, -en

> Ihre Tochter kann Ausbildungs**förderung** bekommen.
> Die Ausbildungs**beratung** findet immer mittwochs statt.
> Kinder bekommen **Ermäßigung**.
> Für die Beratung müssen Sie eine **Gebühr** von 15 Euro zahlen.
> Zahlen Sie die **Gebühr** auf unserem Konto ein.
> Für den **Kredit** müssen Sie 11 % Zinsen bezahlen.

Telefon und Post

das Telefonbuch, ¨-er
die Mitteilung, -en
die (Wurf)Sendung, -en
das Päckchen, –
das Paket, -e
schicken, hat geschickt
der Briefumschlag, ¨-e
der Empfang *Sg.*
bestätigen, hat bestätigt
geehrt

> Bitte **bestätigen** Sie den **Empfang** des Briefes.
> Sehr **geehrte** Damen und Herren, …

Umgang mit Ämtern

der Aufenthalt, -e
die Einbürgerung, -en
die Erlaubnis *meistens Sg.*
die Dauer *Sg.*
die Frist, -en
beantragen, hat beantragt
befristet
das Konsulat, -e

der Bescheid, -e
gültig
übersetzen, hat übersetzt
der Stempel, –
erforderlich
ergänzen, hat ergänzt
schriftlich
sich beschweren, hat sich beschwert

> Dieser **Bescheid** wurde automatisch erstellt und ist ohne Unterschrift **gültig**.

Welche Wörter kennen Sie? Markieren Sie.
Machen Sie Karten für die unbekannten Wörter oder notieren Sie sie in einem Wörterheft.

Wortakzent – Die Präfixe *be-*, *er-*, *ver-* werden nie betont.
Sprechen Sie die Wörter laut.

be- beantragen – die Beratung – der Bescheid – befristet – sich beschweren – die Behörde

er- ergänzen – erforderlich – die Erlaubnis – die Ermäßigung

ver- die Versicherung – die Verlängerung – verlängern – verlieren – verstehen

1 Wiederholung A1 – Welche Wörter fallen Ihnen ein?

a Schreiben Sie die Wörter zu den Bildern.

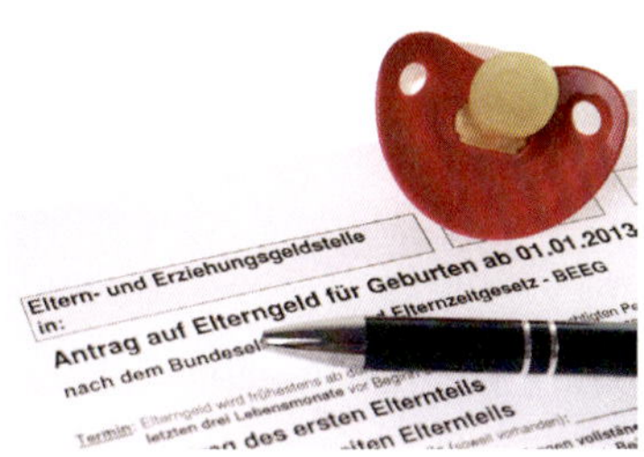

____

____

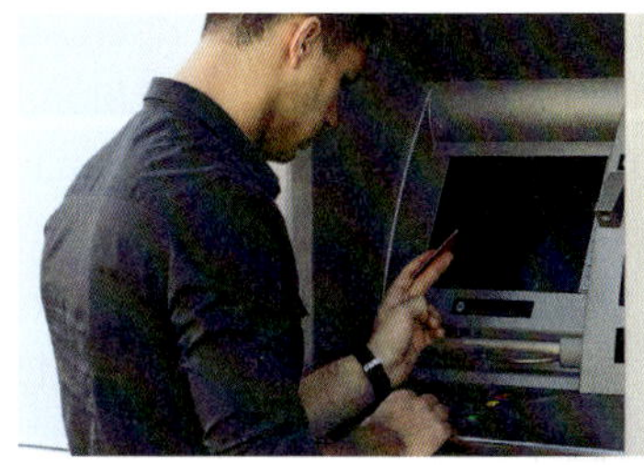

____

____

____

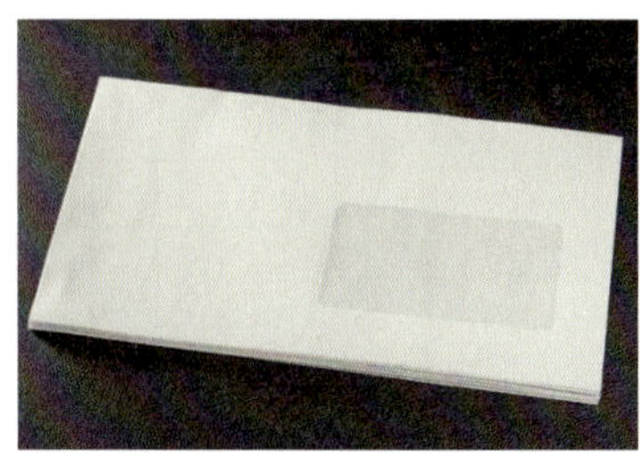

____

b Ergänzen Sie die Wörter.

1. Bitte ______________________ Sie den Antrag ganz ____________.
   Und ______________________ Sie mit Vor- und Nachnamen.
2. Bitte vergessen Sie nicht Ihre ______________________.
3. Bringen Sie bitte einen gültigen ______________________ oder ______________________ mit.

der Antrag, ¨-e • die Bank, -en • der Brief, -e • das Geld *Sg.* • Geld brauchen • der Geldautomat, -en • die (Kredit-)Karte, -n • die Bankverbindung, -en • die Kontonummer, -n • das Konto, Konten • die Überweisung, -en • überweisen • der Ausweis, -e • der Pass, ¨-e • das Formular, -e • ausfüllen • der Name, -n • die Adresse, -n • die Straße, -n • die Postleitzahl, -en • der Ort, -e • der Familienstand *Sg.*

2 Das Ämter-Silbenrätsel – Wie viele Ämter und Behörden können Sie zusammensetzen?

AMT AMT AMT AUS AUS BE BÜ DE DER DER DES FUND HAUS HÖR LÄN LÄN RAT RO SO STAN ZIAL

3 Kreuzworträtsel – Dienstleistungen und Behörden

Waagerecht:

1. Das Dokument ist nur mit … und Unterschrift der Behörde gültig.
2. Sie müssen den Antrag innerhalb einer … von 14 Tagen unterschrieben zurückschicken.
3. Sie können einen … auf Wohngeld stellen. Füllen Sie dazu das Formular aus.
4. Bitte überweisen Sie den … von 25,80 Euro auf unser Konto bei der VR-Bank.
5. Die Gemeinde verlangt eine … für die Müllabfuhr, das Wasser und das Abwasser.
6. Für einen … muss man zurzeit 5 % Zinsen bezahlen.
7. Schüler und Studenten können Ausbildungs… bekommen. Sie heißt BAföG.
8. Die Aufenthalts… gilt für 12 Monate, dann muss sie verlängert werden.
9. In Deutschland gibt es für fast alles eine …, z. B. für Krankheit, Arbeitslosigkeit, Unfall, Alter.
10. Der Ausweis gilt für die … von 12 Monaten. Dann muss er verlängert werden.
11. Die Agentur für Arbeit bietet auch Berufs… an. Diese ist meistens kostenlos.
12. Kinder bekommen in Bussen und Straßenbahnen eine … Ihre Fahrkarte kostet nicht so viel wie für Erwachsene.

Senkrecht: Viele Ausländer beantragen nach einigen Jahren in Deutschland die … Sie bekommen dann einen deutschen Pass und die deutschen Bürgerrechte (Wahlrecht etc.).

ß = SS

4 Was ist was? Schreiben Sie die Wörter zu den Bildern.

5 Ergänzen Sie die Sätze.

(der) Bescheid • erforderlich • (das) Konsulat • schriftlich • gültig • sich beschweren • einzahlen • befristet • beantragen • verlängern • übersetzen • (der) Antrag • (die) Meldung • (der) Bescheid

1. Die Stempelgebühr müssen Sie bei der Gemeindekasse ________________.
2. Ihr Ausweis ist bis zum 31.12. ________________.
3. Die Aufenthaltserlaubnis ist auf 12 Monate ________________.
4. Sie müssen die Aufenthaltserlaubnis jedes Jahr ________________.
5. Dazu müssen Sie einen ________________ bei der Ausländerbehörde stellen.
6. Sie können Wohngeld ________________.
7. Die Bearbeitung des Antrags dauert 10 Tage. Dann bekommen Sie einen ________________.
8. Wenn der B ________________ nicht richtig ist, dann können Sie ________________ ________________. Das müssen Sie ________________ tun und Sie müssen die Beschwerdefrist beachten.
9. Wenn Sie umziehen, müssen Sie dem Einwohnermeldeamt eine ________________ machen. Sie müssen sich in der neuen Gemeinde anmelden.
10. Für die Verlängerung der Förderung ist ein Antrag ________________.
11. Die Dokumente müssen Sie ins Deutsche ________________ lassen und das ________________ Ihres Heimatlandes muss die Echtheit bestätigen.

6 Wie heißen die Nomen oder Verben?

Verben	Nomen
empfangen	
	die Beschwerde
versichern	
fördern	
	der Antrag
mitteilen	
	die Verlängerung
einbürgern	
erlauben	
	die Übersetzung

11 Freizeit und Unterhaltung

Ausgehen

das Programm, -e
die Zeitschrift, -en
das Theater, –
(sich) unterhalten, hat (sich) unterhalten
kostenlos
der Spaß, ¨-e

teilnehmen, hat teilgenommen
stattfinden, hat stattgefunden
der Alkohol *Sg.*
betrunken sein, ist betrunken gewesen
dabei sein, ist dabei gewesen
wünschen, hat gewünscht
(sich) interessieren, hat (sich) interessiert
singen, hat gesungen

die Kneipe, -n — das Lokal, -e
das Café, -s
das Trinkgeld, -er
der Kellner, – — die Kellnerin, -nen
der Ober, – *nur maskulin*
reservieren, hat reserviert
(sich) setzen, hat (sich) gesetzt

die Speisekarte, -en
das Gericht, -e
scharf — mild
die Portion, -en
das Stück, -e
der (Pizza-)Service *Sg.*
ausgeben, hat ausgegeben

> Hast du das **Kinoproramm**?
> Der Eintritt ist **kostenlos**.
> Herr **Ober**!
> ein **Stück** Kuchen/Pizza
> Geld **ausgeben**

Freizeit draußen

das Tennis *Sg.*
der Flohmarkt, ¨-e
sammeln, hat gesammelt
der Park, -s
der Spaziergang, ¨-e
spazieren gehen, ist spazieren gegangen
stehen bleiben, ist stehen geblieben

> Das macht **Spaß**.
> einen **Spaziergang** machen

Treffen

der Besuch, -e
Bescheid sagen, hat Bescheid gesagt
der Kalender, –
verabredet
vereinbaren, hat vereinbart
vergessen, hat vergessen
verschieben, hat verschoben
sich ausruhen, hat sich ausgeruht
sich umziehen, hat sich umgezogen
etwas unternehmen, hat etwas unternommen
kennenlernen, hat kennengelernt
das Fest, -e
das Festival, -s
feiern, hat gefeiert
schenken, hat geschenkt
die Idee, -n
die Lust *Sg.*

> Ich bin heute **verabredet**.
> Hast du unseren Termin **vergessen**?
> Willst du etwas **unternehmen**?
> Das ist eine gute **Idee**!
> keine **Lust** haben

INFO ein warmes Essen = ein warmes Gericht (Restaurant)

Welche Wörter auf Seite 60 kennen Sie? Markieren Sie.
Machen Sie Karten für die unbekannten Wörter oder notieren Sie sie in einem Wörterheft.

Vokale spricht man lang oder kurz.
Sprechen Sie laut:

→: die Stadt, die Nummer, …
↑: die Stadt – der Name, die Nummer – der Beruf, …

kurz	stattfinden	der Kalender	singen	kostenlos	die Lust	wünschen
lang	der Spaß	die Idee	der Spaziergang	Herr Ober!	der Besuch	süß

Markieren Sie 15 Wörter mit langem Vokal aus der Liste auf Seite 60. Sprechen Sie die Wörter laut.

Sie sprechen *h* / Sie sprechen kein *h*.

h: der **H**und **h**aben unter**h**alten der Alko**h**ol **H**err Ober!
kein *h*: unternehmen stehen bleiben sich ausruhen das Theater teilnehmen der Flohmarkt

Regeln? Schauen Sie auf Seite 4 nach.

1 Restaurant – Schreiben Sie Wörter, Sätze und Dialoge.

einen Platz suchen | *ein Menü auswählen/bestellen* | *bezahlen*

2 Einladung. Schreiben Sie Dialoge / einen Dialog. Benutzen Sie möglichst viele der vorgeschlagenen Wörter und Redemittel.

[zum Frühstück/Abendessen einladen • mögen • essen • Schmeckt es Ihnen? • Hast du Hunger? • wunderbar • aussehen • Herzlich willkommen! • Ich mag keinen Salat. • Das ist mein Lieblingsessen! • Vielen Dank für die Einladung. • kochen • Bitte nehmen Sie noch Reis/Gemüse/Fleisch/Salat! • Möchten Sie etwas trinken? • Bitte geben Sie mir das Salz / noch etwas Wasser. • Nein danke. • Ja gerne.]

● *Unsere Nachbarn haben uns zum Abendessen eingeladen. Peter kocht.*

○ *Schön. Dann gibt's Spaghetti, mein Lieblingsessen!*

● ...

3 Freizeit. Schreiben Sie Porträts. Was haben die Personen als Kinder in ihrer Freizeit gemacht? Was machen sie heute? Schreiben Sie wie im Beispiel. Sie brauchen Hilfe? Die Wörter unten helfen.

Als Kind hat sie gern ferngesehen und Freunde getroffen. *Heute schläft sie gern lange, liest Zeitung und macht Sport.*	*Als Kind habe/bin ich ....* *Heute ...*
Früher hat/ist mein Vater/meine Mutter ... *Heute ...*	*Früher / Als Kind ...*

Freunde treffen • Tennis spielen • schwimmen • ein Konzert besuchen • zu Hause bleiben • Zeitung lesen • einen Ausflug machen • grillen • kochen • Sport machen • Musik hören • ins Kino/Konzert gehen • zusammen Filme angucken • tanzen • reisen • einkaufen • Fahrrad fahren • Auto reparieren • Partys machen • auf Partys gehen

4 Dialoge – Ergänzen Sie.

Dialog 1

[vereinbaren • reservieren • vergessen • kostenlos • (sich) verabreden • (das) Programm • (der) Kalender • feiern • (das) Theater • teilnehmen]

- ● Kommst du am Samstag mit ins ______________? Für dich ist der Eintritt ______________. Ich lade dich ein! Ich habe vier Plätze ______________.
- ○ Das ist sehr nett, aber ich habe mich schon ______________. Ich muss an einem Computerkurs ______________.
- ● Schade, das ______________ ist fantastisch. Sie spielen „Romeo und Julia".
- ○ Das nächste Mal müssen wir einen festen Termin ______________. Ich hole mal meinen ______________.
- ● Erinnerst du dich? Unseren letzten Termin hast du ______________.
- ○ Hmm, ja, hmm … Stimmt, da haben wir die ganze Nacht ______________.

Dialog 2

[sammeln • (der) Flohmarkt • (der) Park • (der) Besuch • unternehmen • (die) Idee • ausgeben • (der) Bescheid • (der) Spaziergang • (die) Kneipe • sparen]

- ● Morgen bekomme ich ______________ von meiner Schwester und Freitag arbeite ich in der ______________.
- ○ Was machst du heute? Wollen wir jetzt etwas ______________?
- ● Gute ______________, in der Innenstadt ist ______________, da gibt es billige Sachen.
- ○ Super, da gehen wir hin. Ich habe im letzten Jahr zu viel Geld ______________ und muss jetzt ______________. Vielleicht finde ich ja einen guten Wintermantel.
- ● Ja, vielleicht. ______________ du immer noch alte Kaffeekannen?
- ○ Natürlich! Ich rufe Maria an und sage ihr ______________, dass ich später komme.
- ● O.k. Sollen wir durch den ______________ gehen? Dann können wir gleich einen ______________ machen.

Dialog 3

[schenken • (das) Fest • stattfinden • (der) Alkohol • kennenlernen • betrunken • singen • schwanger]

- ● Hast du Maria eigentlich schon ________________________?
- ○ Ja, sie war auch auf dem ________________________ von Boris und Sabine.
- ● O ja, das Fest! Ich erinnere mich, da gab es viel ________________________, aber niemand war ________________________.
- ○ Nur Max, der hat ziemlich laut ________________________ – ein Hochzeitslied.
- ● Stimmt – aber er ist Musiker und er hat Boris und Sabine das Lied ________________________.
- ○ Haben die beiden schon geheiratet?
- ● Nein, aber die Hochzeit soll im Sommer ________________________. Sabine ist ________________________ und im September kommt das Kind.

5 Im Restaurant – Wie heißen die Wörter?

1. Dies ist ein Ort, wo man Kaffee trinken und Kuchen essen kann.

   Das _ _ _ _.

2. Sie bezahlen die Rechnung und geben dem Kellner etwas Geld extra.
   Das ist das _ _ _ _ _ _ _ _ _.

3. Die Person arbeitet im Restaurant oder Café.

   Das ist ein _ _ _ _ _ _ _ oder eine _ _ _ _ _ _ _ _ _.

4. Sie sind zu Hause und möchten Pizza essen.

   Sie bestellen die Pizza beim _ _ _ _ _ - _ _ _ _ _ _ _.

5. Sie möchten wissen, was man in dem Restaurant essen kann.

   Sie fragen nach der _ _ _ _ _ _ _ _ _ _ _.

6. Sie sitzen im Restaurant und rufen nach dem Kellner. Sie sagen:

   _ _ _ _ _ _ _ _!

7. Sie möchten Pommes frites / Reis für eine Person bestellen.

   Sie bestellen eine _ _ _ _ _ _ _ Pommes frites / Reis.

8. Sie möchten ein vegetarisches Essen bestellen.

   Sie bestellen ein vegetarisches _ _ _ _ _ _ _.

9. In der Suppe ist zu viel Chili. Die Suppe ist zu _ _ _ _ _ _.

6 Zu Hause – Ergänzen Sie.

Dialog 1

[(die) Lust • (sich) unterhalten • (der) Spaß • ausruhen • wünschen • (das) Kino]

● Pablo und Marek gehen heute Abend ins ______________________.
Wollen wir mitgehen? Das macht bestimmt ______________________,
die beiden sind immer lustig.

○ Heute Abend? Nein, ich habe keine ______________________. Ich bin
ziemlich müde und möchte mich lieber ______________________.
Ich ______________________ mir einfach einen ruhigen Abend mit dir
und dass wir uns etwas ______________________. Mehr nicht.

Dialog 2

[interessieren • (der) Pizza-Service • (die) Idee • (sich) setzen • umziehen • (das) Tennis • spazieren gehen]

● O. k. ______________________ ______________ in den
Sessel und leg die Beine hoch. Im Fernsehen kommt
______________________. Das ______________________ dich
bestimmt. Ich rufe den ______________________ an und dann essen
wir vor dem Fernseher. Später können wir ja noch etwas
______________________ ______________________.

○ Das ist eine gute ______________________. Zuerst muss ich mich
aber ______________________.

Dialog 3

[dabei sein • (das) Stück • (der) Hund • stehen bleiben • (der) Spaziergang • (sich) interessieren]

● Nehmen wir den ______________________ mit?

○ Na klar, Bello muss ______________________ ______________________,
auch wenn wir an jeder Ecke und an jedem Baum ______________________
______________________. Er ist alt und ______________________
sich nicht mehr für andere Hunde, am liebsten läuft er mit einem
______________________ Holz neben mir.

● Genau so einen ______________________ mit Bello und dir wünsche ich
mir heute Abend!

12 Reisen und Natur

Reisen

der Wunsch, ¨-e

der Tourist, -en	die Touristin, -nen

die Ferien *Pl.*

toll	langweilig, schrecklich

die Gruppe, -n

die Menge, -n

der Strand, ¨-e

der Tipp, -s	der Rat *Sg.*

der Rundgang, ¨-e

die Sache, -n

wecken, hat geweckt

weggehen, ist weggegangen

abholen, hat abgeholt

wenigstens

buchen, hat gebucht

mindestens

das Schiff, -e

die Fähre, -n

die Grenze, -n

die Kirche, -n

der Turm, ¨-e

das Schloss, ¨-er

das Museum, Museen

die Kunst, ¨-e

der Künstler, –	die Künstlerin, -nen

> Mein größter **Wunsch** ist eine Weltreise.
> Meine Ferien waren **toll**!
> Ich reise gern in einer **Gruppe**.
> Da sind eine **Menge** Leute.
> Ich muss heute meine **Sachen** packen.
> Kannst du mich um 6 **wecken**?
> Wir **gehen** heute um 7 Uhr **weg**.
> Schreibst du mir **wenigstens** eine Karte?
> Ich möchte **mindestens** drei Wochen verreisen.

Unterkunft

die Pension, -en

die Unterkunft, ¨-e

voll

privat

> Das Hotel ist **voll**.
> Ich wohne am liebsten **privat**.

Landschaft

die Landschaft, -en

der Berg, -e

der Fluss, ¨-e

die Natur *Sg.*

der Vogel, ¨

der Wald, ¨-er

hell	dunkel

das Blatt, ¨-er

der Weg, -e

Wetter

die Luft *Sg.*

der Nebel *Sg.*

das Gewitter, –

die Wolke, -n

plötzlich

der Schnee *Sg.*

schneien, hat geschneit

der Schirm, -e

nass	trocken
kühl	warm
tief	hoch
schrecklich	schön

> Es ist **kühl** draußen.
> Die **Wolken** hängen **tief**. Gleich regnet es.
> **Plötzlich** hat ein Gewitter angefangen.

Welche Wörter kennen Sie? Markieren Sie.
Machen Sie Karten für die unbekannten Wörter oder notieren Sie sie in einem Wörterheft.

Sprechen Sie die Wörter laut. Achten Sie auf die Aussprache von *b, d, g* am Wortende!

Sie sprechen:

t das Blatt • der Tourist • die Unterkunft • der Wald • der Strand • und

k Weck mich bitte! • der Rucksack • der Berg • der Weg • mittags

p Stopp! • der Tipp • der Betrieb • der Urlaub • Habt ihr noch Urlaub?

Kennen Sie die Regeln? Schauen Sie auf Seite 4 nach.

Üben Sie die Vokale. Sprechen Sie laut.

der Fluss	die Flüsse	der Vogel	die Vögel
der Wunsch	die Wünsche	der Strand	die Strände
der Turm	die Türme	das Blatt	die Blätter

1 Urlaub

a Notieren Sie die Artikel zu den Nomen.

b Was passt nicht?

1. _____ Gepäck • _____ Koffer • _____ Rucksack • _____ Tasche • _____ Jacke
2. _____ Hotel • _____ Rezeption • _____ Ausflug • _____ Zimmer • _____ Halbpension • _____ Anmeldung
3. _____ Hotelzimmer • _____ Einzelzimmer • _____ Rucksack • _____ Balkon • _____ Übernachtung • _____ Dusche
4. _____ Sehenswürdigkeit • _____ Dom • _____ Ausflug • _____ Stadtplan • _____ Jugendherberge • _____ Führung
5. _____ Flug • _____ Flugzeug • _____ Ticket • _____ Zoll • _____ Gleise • _____ Flughafen
6. _____ Durchsage • _____ Zug • _____ Abfahrt • _____ Fahrkarte • _____ Eintritt • _____ Bahnhof
7. _____ Meer • _____ Sonne • _____ Wetter • _____ Wind • _____ Regen

MEHR ÜBEN? Wählen Sie fünf Nomen aus. Suchen Sie passende Verben und Adjektive. Schreiben Sie danach kurze Sätze mit den Wörtern.

Nomen	Verben	Adjektive
der Koffer	tragen, nehmen, kaufen	schwarz, braun, ... schwer, leicht groß, ...
die Übernachtung	bezahlen	günstig, ... wunderbar

Mein Koffer ist ganz leicht.

2 Monate, Jahreszeiten, Datum – Schreiben Sie.

1.4. *der erste April der erste Vierte (Frühling)*

7.7. __________

31.12. __________

24.10. __________

13.8. __________

MEHR ÜBEN? Schreiben Sie die Geburtstage von Ihrer Familie / Ihren Freunden wie im Beispiel.

3 Was können Sie sagen/fragen? Schreiben Sie Sätze zu den Stichwörtern.

1. Am Bahnhof:
   Zugverbindung: Berlin / Datum: 17.3. ab 10.00 Uhr / Abfahrt: Wo? Wann?
2. Im Hotel:
   Zimmer: 1–2 Personen? Dusche/Bad/Balkon/Preis? / Übernachtung von ... bis ...
3. Allgemeine Informationen:
   Touristeninformation, Prospekt, Ausflug, Sehenswürdigkeit, Eintritt, Stadtplan, Führung

a) Können Sie mir eine Zugverbindung nach Berlin geben?
Wann fährt der Zug?
Wann möchten Sie nach Berlin fahren / in Berlin sein?
Am Samstagmorgen.
...

4 Wie heißen die Verben? Schreiben Sie den Infinitiv und die 3. Person Singular.

die Ankunft	ankommen	Sie kommt an.
die Abfahrt	______	______
die Anmeldung	______	______
der Abflug	______	______
die Reise	______	______
die Übernachtung	______	______
der Regen	______	______
der Fahrer	______	______
das Ende	______	______

5 Wünsche und Träume für die Ferien – Ergänzen Sie.

[(das) Schiff • toll • (der) Tourist • (der) Strand • (der) Wunsch • kennenlernen • (die) Ferien • (die) Menge • reich • (der) Schnee • (die) Landschaft • mindestens • weggehen • (die) Gruppe • (der) Berg]

Paul: Mein größter ______ ist eine Weltreise. Ich möchte ______ ein Jahr unterwegs sein. Zwei Jahre wären besser.

Maria: Ich möchte China ______, aber nicht als ______, am liebsten würde ich dort eine Zeit leben und arbeiten. Aber leider kann ich nicht einfach aus Deutschland ______, meine Familie würde das nicht verstehen.

Peter: Ich fahre in den ______ gerne ans Meer, am liebsten im Sommer und nicht alleine, sondern mit einer ______. Das finde ich ______. Abends feiert man am ______ und man trifft eine ______ Leute.

Katrin: Wenn ich ______ wäre, würde ich mit einem ______ an den Nordpol fahren! Ich liebe ______ und Eis. Ich bin im Winter am liebsten in den ______. Wenn es geschneit hat, ist die ______ ganz ruhig.

6 Minidialoge – Ergänzen Sie.

Reisevorbereitungen

[(der) Schirm • wecken • (die) Sachen • nass • wach]

- ● Unser Zug geht sehr früh. Kannst du mich bitte um 5.30 Uhr ______?
- ○ Na klar, dann bin ich bestimmt schon ______. Ich muss noch ein paar ______ packen.
- ● Morgen soll es regnen. Denkst du an den ______? Ich möchte nicht ______ werden.

Wetter

[(der) Wald • (der) Nebel • (der) Berg • kühl • (die) Wolke • (das) Gewitter • wenigstens • heiß • (die) Luft • (das) Wetter]

- Wie ist das ______________ in den Bergen? In der Sonne ist es bestimmt ______________ und abends wird es ______________.
- Am Wochenende soll das Wetter schlechter sein. Bis mittags gibt es ______________ und die ______________ bleiben. Vielleicht gehen wir jetzt noch auf den ______________. Ich brauche frische ______________.
- Frau Schmidt sagt, dass es nach einem ______________ aussieht. Lass uns lieber einen Spaziergang im ______________ machen, das ist ______________ nicht so weit.

Mit dem Fahrrad unterwegs

[plötzlich • (die) Natur • (die) Ferien • (das) Schiff • voll • (der) Fluss • (der) Weg]

- Meine letzten ______________ waren super. Wir sind mit dem Fahrrad den „Elbe-Radweg" gefahren, immer am ______________ entlang.
- Konnte man auf dem ______________ gut fahren?
- Kein Problem. Eine Strecke sind wir auch mit dem ______________ gefahren, denn es hat ______________ schrecklich geregnet. Aber es war auch sehr laut, weil das Schiff so ______________ war. Da ist mir die ______________ lieber, auch bei Regen.

Urlaub

[(die) Natur • (die) Luft • buchen • privat • (der) Wald • (die) Kirche • (die) Pension • (das) Blatt • (die) Grenze • (die) Unterkunft • (das) Museum • verreisen • (der) Turm • (der) Vogel]

- Ich ______________ am liebsten in Europa. Da gibt es keine Probleme an der ______________ und man bezahlt fast überall mit Euros.
- Das ist mir nicht so wichtig. Ich brauche eine gute ______________, am liebsten ______________, und Sehenswürdigkeiten. Ich möchte ______________ besichtigen und von den ______________ über die ganze Stadt sehen. Und in großen Städten gehe ich immer in die wichtigsten ______________.
- Fahrt ihr dieses Jahr wieder nach Österreich?
- Ja, wir ______________ seit 15 Jahren immer dieselbe ______________ und immer im September. Die ______________ ist wunderbar. Ich liebe den ______________ und die bunten ______________, die frische ______________, und ich mag es, wenn die ______________ mich wecken.

13 Wörter und Grammatik: Zeit – Ort – Art und Weise …

Zeit

vorgestern	gestern	heute
morgen	übermorgen	
montags	dienstags	mittwochs
donnerstags	freitags	
samstags/sonnabends	sonntags	
morgens	vormittags	mittags
nachmittags	abends	nachts
stündlich	täglich	
wöchentlich	monatlich	jährlich
Weihnachten		
Silvester		
Neujahr		
Ostern		
vorher	nachher	
neulich		
zuerst	zuletzt	
erst	dann	
früh	spät	
immer	oft	meistens
manchmal	selten	nie
tagsüber	nachts	
wieder		
vor	nach	

Ort

neben	
hinter	vor
direkt	indirekt
hinein	hinaus
nirgends	überall

Art und Weise

vielleicht
wahrscheinlich (*auch*: wahrscheinlich)
ziemlich
hoffentlich
kaum
fast
nämlich

Und anderes, z.B.

Pronomen

jemand	niemand
etwas	nichts
ein paar	
selbst	

Pronominaladverbien

darauf (*auch:* darauf)
darüber (*auch:* darüber)
davon (*auch:* davon)

Satzverbindungen

ob
aber
wenn
weil
deshalb
sonst
doch

Präpositionen

wegen
außer

Welche Wörter auf Seite 71 kennen Sie? Markieren Sie.
Machen Sie Karten für die unbekannten Wörter oder notieren Sie sie in einem Wörterheft.

1 Ergänzen Sie die Präpositionen.

die Brücke geht über den Fluss

[in • unter • hinter • neben • auf • an • zwischen • vor • ~~über~~]

2 Schreiben Sie die Zahlen, Maße und Gewichte.

11	______	60	______
12	______	70	______
13	______	3 kg	______
16	______	100 g	______
20	______	1 %	______
21	______	30 km	______
30	______	16 m	______

3 Datum – Schreiben Sie die Daten und ergänzen Sie bei 1. bis 3. die Namen der Feste.

1. 24.12. *vierundzwanzigster Dezember,* ______
2. 31.12. ______
3. 1.1. ______
4. 1.5. ______ *Tag der Arbeit*
5. 3.10. ______ *Tag der Deutschen Einheit*

4 Tageszeiten – Ergänzen Sie wie im Beispiel.

7.00	10.00	12.00
der Morgen am Morgen morgens		
17.00	**20.00**	**23.00**

5 Häufigkeit – Ordnen Sie von *immer* bis *nie* und schreiben Sie Sätze wie im Beispiel.

[immer • manchmal • meistens • nie • oft • selten]

______ ______ ______ ______ ______ ______

Ich esse immer um 13 Uhr zu Mittag.

6 Wie oft machen Sie was? Ordnen Sie die Wörter von *oft* bis *selten* und schreiben Sie Sätze wie im Beispiel.

[~~stündlich~~ • monatlich • täglich • jährlich • wöchentlich]

stündlich ______ ______ ______ ______

Ich gehe wöchentlich einmal schwimmen.

7 Ergänzen Sie die Wörter.

[gestern • heute • morgen • übermorgen • vorgestern]

______ habe ich die Wörter gelernt,

aber ______ konnte ich davon fast keins mehr.

______ wiederhole ich die Wörter und

______ wiederhole ich noch einmal und

______ kann ich sie dann hoffentlich alle.

8 Wie heißt das Gegenteil?

zuerst ______________________

nachher ______________________

etwas ______________________

früh ______________________

überall ______________________

jemand ______________________

vor ______________________

hinaus ______________________

9 Ergänzen Sie die Dialoge.

Dialog 1

[hoffentlich • ziemlich • vielleicht • wahrscheinlich]

● Was ist denn passiert?

○ Was passiert ist? ____________ hat Leon sich das Bein gebrochen.

● ____________ ist der Bruch nicht kompliziert.

○ Ich bin ____________ sicher, dass er einige Zeit im Krankenhaus bleiben muss.

● ____________ kommt er ja doch schon nach einer Woche raus.

○ Da bin ich nicht sicher.

Dialog 2

[erst • selbst • vorher]

● Was machst du heute Abend?

○ Ich gehe ins Kino, aber ____________ muss ich noch duschen. Ich bin jetzt ____________ nach Hause gekommen.

● Ich bin ____________ auch gerade nach Hause gekommen.

Dialog 3

[davon • direkt • kaum • neulich • darüber • neben • ein paar]

● ________________ habe ich Sandro getroffen.

○ Wann?

● Vor ___________ ________________ Tagen.

Er sieht gut aus. Er hat sich ________________ verändert.

○ Und was sagt er über seinen neuen Job?

● ________________ haben wir nicht gesprochen.

Aber er ist jetzt verheiratet.

○ Was? ________________ musst du mir mehr erzählen.

Wo wohnt er jetzt?

● In München, ________________ im Stadtzentrum. ________________ dem Hofbräuhaus.

Dialog 4

[wieder • nämlich • nirgends • nichts • außer • doch • etwas • mal]

● Wo warst du in den Ferien?

○ Überall und ________________.

● Was hast du gemacht?

○ Fast ________________.

● Du musst doch ________________ gemacht haben!

○ ________________ ein bisschen Sport eigentlich nichts.

● Wie langweilig.

○ Na ja, ich war ________________ im Schwimmbad.

Dann hab ich ________________ mit dem Joggen angefangen.

● Na, das ist doch schon etwas.

○ Ich will ________________ den Berlin-Marathon laufen.

● Das schaffst du ________________ nie.

10 Verbinden Sie die Sätze.

1. Ich kann nicht kommen
2. Ich kann nicht kommen, weil
3. Ich bin erkältet, deshalb
4. Ich bin erkältet, aber
5. Wenn ich noch erkältet bin,
6. Ich komme nicht,
7. Ich weiß nicht,

_____ a) ob ich kommen soll.

_____ b) ich komme kurz bei dir vorbei.

_____ c) kann ich nicht kommen.

_____ d) komme ich nicht.

_____ e) sonst wirst du auch noch krank.

_____ f) wegen meiner Erkältung.

_____ g) ich erkältet bin.

11 Welche Satzverbindungen passen? Es gibt z. T. mehrere Möglichkeiten.

[dass • deshalb • ob • weil • wenn]

1. Ich will einen guten Job, ______________ ich genug Deutsch kann.
2. Ich habe keine Zeit, ______________ ich noch Wörter lernen muss.
3. Ich möchte wissen, ______________ ich die Prüfung jetzt schon machen kann.
4. Ich glaube, ______________ ich schon gut Deutsch kann, ______________ will ich die Prüfung versuchen.
5. Ich möchte die Prüfung machen, ______________ lerne ich jeden Tag.
6. Ich gehe lieber sonntags ins Kino, ______________ ich werktags immer spät nach Hause komme.

14 Lösungen

1 Miteinander sprechen

1 der Anrufbeantworter, – / der AB • die Nachricht, -en • die Ansage, -n • die E-Mail, -s • die Zeitung, -en

2 2. weiß 3. gefragt 4. Mailbox 5. besucht 6. ansehen 7. interessant 8. treffen 9. zusammen 10. leider 11. gehe, mit

3 2. unwahrscheinlich 3. dumm 4. dafür 5. wahr 6. unhöflich 7. sicher

4 1. ● dagegen, Wahrscheinlich 2. ○ dumm 3. ○ wahr, gelogen 4. ● dafür, dagegen, ○ dafür, genau

5 Diskussion – Meinung – streiten – zuhört – recht – sicher – sagen – höflich

6 1b – 2a – 3b – 4b – 5b – 6a – 7a – 8b – 9a – 10b

7 Waagerecht: 1. INHALT 4. MERKEN 6. VERSPRECHEN 7. QUATSCH 8. STREITEN

Senkrecht: 2. NACHRICHTEN 3. HANDY 5. DISKUTIEREN

2 Familie – Eigenschaften – Personen

1 1. alt 2. geboren 3. Geburtstag 4. Geburtsjahr 5. wohnen 6. Adresse 7. Postleitzahl 8. Stadt 9. Straße 10. Telefonnummer 11. kommen 12. Stadt 13. verheiratet 14. geschieden 15. Beruf

2 1. Großvater, Großmutter 2. Mutter, Eltern 3. Ehemann, Ehefrau 4. Partnerin 5. Freund 6. Tochter, Kinder 7. Schwester, Geschwister 8. Tante

Familienstand: ledig – verheiratet – geschieden

3 Kontakt – verheiratet – getrennt – Enkelin – traurig – geweint – neugierig – froh – freundliche – netten – sympathisch – unsympathische – unhöfliche

4 1. fleißig 2. schön 3. blond 4. höflich 5. sympathisch 6. fröhlich 7. verheiratet 8. laut

5 1. fühlst 2. weinst 3. blonden/dunklen 4. blonde/dunkle 5. verwandt 6. Kontakt 7. froh 8. sehe ... aus 9. hässlich 10. toll

3 Körper und Gesundheit

1 2. die Nase, -n 3. der Mund, ¨-er 4. das Kinn, -e 5. der Hals, ¨-e 6. das Ohr, -en 7. das Bein, -e 8. der Fuß, ¨-e 9. die Brust, ¨-e 10. der Arm, -e 11. die Hand, ¨-e 12. der Finger, –

2 Auge: sehen, lesen – Mund: essen, lachen, schmecken, probieren – Nase: riechen – Ohr: hören, verstehen – Bein/Fuß: gehen, stehen – Arm/Hand: schreiben

3 ○ gut, krank ● Fieber ○ schlecht, Arzt ● Termin ○ Praxis ● abholen ● Medikament, Apotheke ○ Rezept

4 ● hustet, krank ○ Husten, Schnupfen, erkältet ● Grippe, schwach, Halsschmerzen, Fieber ○ geht, passiert, dick ● verletzt, schlimm, geblutet ○ untersucht ● Untersuchung ○ gesund, Herzen

5 Beispiel: Mir geht es schlecht. Ich habe Schnupfen und muss die ganze Zeit husten. Seit gestern habe ich auch Halsschmerzen. Ich muss Fieber messen. Ich glaube, dass ich eine richtige Grippe habe.

6 1. Gesicht – Haut – Seife – Creme – Kosmetik – besonders – Parfüm – Körper

2. heiß – wach – Rücken – fit – Zähne – eilig – Brille

3. rauchen – gesund – Raucher – stark – aufgehört – Angst – gesund – gestorben

7 1. Sprechstunde 2. Krankenkasse 3. Blut, Praxis 4. untersucht, Untersuchung 5. Krankheiten 6. dünn 7. Zahn, schwanger 8. dringend 9. Operation, Medikamente 10. Notfall 11. Schmerzen, Notarzt 12. Apotheke, Rezept

8 a
das Blut – der Husten – die Gesundheit – die Untersuchung – die Krankheit – die Erkältung

b
krank, die Kasse – der Hals, die Schmerzen – die Not, der Arzt – sprechen, die Stunde

c (zum Beispiel:)
das Krankenhaus, die Krankheit, der Krankenschein, erkrankt das Schmerzmittel, die Magenschmerzen, schmerzhaft, schmerzfrei, schmerzlos

4 Wohnen

1 1. Reihe: der Garten, ¨-; die Wohnung, -en / das Zimmer, – / das Schlafzimmer, – / das Kinderzimmer, – / das Wohnzimmer, – / das Badezimmer, das Bad, ¨-er / die Küche, -n

2. Reihe: das Badezimmer, – / das Bad, ¨-er; die Küche, -n; die Treppe, -n; der Eingang, ¨-e / der Ausgang, ¨-e / die Tür, -en; das Fenster, –, die Blume, -en

3. Reihe: der Herd, -e; der Schrank, ¨-e; das Sofa, -s; der Tisch, -e; die Dusche

2 die Wohnung – der/die Vermieter/in – die Dusche – der Umzug – das Bad – der Koch/die Köchin – der Schlaf/ das Schlafzimmer

3 1. ● gelegt ○ liegt 2. ● stellen ○ Stell 3. ● setzen ○ sitze

4 links: das Fenster, –, der Balkon, -e, die Garage, -n; rechts: das Dach, ¨-er, die Treppe, -n, der Aufzug, ¨-e, die Tür, -e, das Erdgeschoss, -e, der Keller, –

5 1. klopfen 2. aufmachen, öffnen, zumachen, abschließen

6 die Waschmaschine, -n, die Spülmaschine, -n, der Kühlschrank, ¨-e, der Fernseher, –, die Lampe, -n, der Sessel, –, der Teppich, -e, der Stuhl, ¨-e, die Heizung, -en

7 1. Plastik 2. ein Stuhl aus Holz 3. ein Regal aus Metall 4. eine Tasche aus Stoff 5. eine Tasse aus Plastik 6. kein Arbeiter aus Metall

8 1. Lampe 2. Gas 3. Heizung 4. Strom, Geräte 5. Fernseher, Bildschirm

9 1. Makler 2. Kaution, ausziehen 3. Miete, Nebenkosten, Vermieter, inklusive 4. möblierten 5. einzieht 6. vermieten 7. einrichten

10 runden – hängen – auspacken – Wohin – Nachbarn – nebenan/ gegenüber – gegenüber/nebenan – Nähe – Spielplatz – hin und her – außerhalb – Drinnen – außen – stecken

5 Zu Hause

1 hören: er hat gehört – tanzen: er hat getanzt – die Lieblingsmusik *Sg.* – singen: er hat gesungen – das Konzert, -e – die Party, -s

2 anbieten: er hat angeboten – aussehen: er hat ausgesehen – das Getränk, -e – der Durst *Sg.* – einladen: er hat eingeladen – die Einladung, -en – der Gast, ¨-e – das Geschenk, -e – der Hunger *Sg.* – mögen: er hat gemocht – nehmen: er hat genommen – pünktlich – schmecken: er hat geschmeckt – trinken: er hat getrunken

3 Waagerecht: 1. INTERNET 2. E-MAIL 3. TELEFONIEREN 4. SCHICKEN 5. SURFEN 6. MAILBOX 7. ANRUFEN 8. ANSAGE 9. DRUCKER 10. COMPUTER 11. SMS 12. ADRESSBUCH 13. NACHRICHT, Senkrecht: TELEFONNUMMER

4 putzen – spülen • das Geschirr – die Töpfe • das Messer – die Gabel • der Teller – die Tasse • sauber – schmutzig • positiv – negativ • backen – braten • die Katze – der Hund ...

5 Frauensicht
1. spült 2. Handtücher 3. backt 4. putzt 5. Wäsche 6. Reinigung

Männersicht
2. negativ 3. Müll 4. Mülltonne 5. Briefkasten 6. Katze 7. Nachrichten 8. DVD-Spieler, Radio 9. Kamera, MP3-Spieler 10. Musik, CDs 12. Fazit: verschieden

6 a
● Hunger ● Prima, probieren ○ heiß ● Teller, Löffel, Gabeln, Messer ○ anmachen ● Feuerzeug ○ Streichhölzer ○ sauber ● schmutzig

b
● spülen ○ Sorgen, Spülmittel ● fallen ○ Handtuch

c
● Rezept ○ Auf keinen Fall, kompliziert, backe ● versuche ○ neugierig, brate ● Geschirr ○ Kanne ● unpraktisch ○ kalt

6 Auto und Verkehr

2 Waagerecht: 2. WERKSTATT 5. BENZIN 9. TANKSTELLE 10. VERTRAG 11. MOTOR 13. UNFALL 14. VERKAUFEN 17. WECHSELN 18. WERKZEUG

Senkrecht: 1. GEBRAUCHT 3. TANKEN 4. DIESEL 6. BATTERIE 7. PARKEN 8. BREMSEN 12. PANNE 15. RADIO 16. REIFEN

3 1. Kennzeichen 2. Autobahn, Brücke 3. Verspätung, erreichen, Verbindungen 4. umsteigen 5. Kontrollen, Kreuzung

4 Dialog 1: ● Schalter ○ vorn ○ zeige, vorbei
Dialog 2: ○ U-Bahn ○ Monatskarte ● Führerschein
Dialog 3: ● verpasst, Fahrplan

5 Rückwärts – Vorwärts – geparkt

6 TÜV: Technischer Überwachungs-Verein
Pkw: Personenkraftwagen
Kfz: Kraftfahrzeug

7 vorsichtig – gefährlich – achtgeben/aufpassen – Ampel – Pass auf/Gib acht – Kontrolle

7 Einkaufen: Lebensmittel, Kleidung, andere Produkte

2 a
6,99 – sechs Euro und neunundneunzig Cent
58,39 – achtundfünfzig Euro und neununddreißig Cent
93,17 – dreiundneunzig Euro und siebzehn Cent
124,21 – hundertvierundzwanzig Euro und einundzwanzig Cent

b
● kosten ○ Kilo ● billig ○ Angebot ● Pfund ○ außerdem ● bezahlen ○ Kasse ■ macht ● Geld ■ bar, Kreditkarte

3 1 rote, grünen 2. rote, gelbe 3. grünen 4. Blaue 5. blauen

4 Supermarkt – geöffnet – Sonderangebote – Produkte – Schwein – Rind – fett – Markt – frisch – preiswert – vergleichen – Käse – probieren – Rabatt – leer – offen – passt – eng – Zentrum – Schlussverkauf – dringend – Mantel – sparen – Kleider

5 1. fett, Zucker 2. süß, Schokolade, Eis 3. Salat, Zitrone 4. Orangen 5. ○ Bohnen 6. ● komisch, sauer

6 1. Orange 2. Zitrone 3. Dose 4. Zucker 5. spart 6. voll – leer, hart – weich, süß – sauer 7. Raten

7 1. die Katze, -n 2. das Loch, ¨-er 3. der Mann, ¨-er 4. die Frau, -en 5. die Zitrone, -n 6. das Kilo, -s

8 Dialog 1: ● Katalog ○ Lager
Dialog 2: ● Qualität ○ Quittung ● Garantie
Dialog 3: ● passt, eng ○ modern, Material, weich
Dialog 4: ● Mantel, ändern
Dialog 6: ● Hose ○ Stoff ● Kinderwagen

8 Wirtschaft und Politik

1 Nomen
die Arbeit, -en • der Arbeitsplatz, ¨-e • die Arbeitswoche, -n • der Beruf, -e • das Büro, -s • der Chef, -s • die Chefin, -nen • der Feierabend, -e • die Firma, Firmen • der Job, -s • der Plan, ¨-e • das Praktikum, Praktika • die Stelle, -n • der Termin, -e • der Urlaub, -e

Adjektive
arbeitslos • gut • leicht • schlecht • schwer • selbstständig

Verben
arbeiten als, er arbeitet als, hat gearbeitet als • verdienen, er verdient, er hat verdient

2 (zum Beispiel:) Herstellung von Waren: die Fabrik, die Ware, das Produkt, der Betrieb, die Qualität

Arbeitnehmer und Arbeitgeber: der Betriebsrat, entlassen, die Teilzeit, kündigen

Geld: der Lohn, die Steuer, netto, die Wirtschaft, die Rente

3 1. die Gewerkschaft 2. die Fabrik 3. die Teilzeit 4. die Kündigung 5. die Partei 6. die Regierung 7. die Rente 8. streiken 9. die Mehrwertsteuer 10. die Versichertenkarte

4 die Entlassung – entlassen • das Produkt – produzieren • die Kündigung – kündigen • der Import – importieren • die Herstellung – herstellen • der Streik – streiken • die Wahl – wählen

5 der Käufer/Kunde – die Vollzeit – niedrig – der Export – brutto – arm – verkaufen

6 1. Gewerkschaft – Gewerkschaften – Lohn – Arbeitszeit 2. Teilzeit – stundenweise – Vollzeit – Überstunden 3. entlassen – Rechte – Tarif – Betrieben – Betriebsrat – Betrieb – streiken 4. Steuern – Lohnsteuer – Mehrwertsteuer 5. Rente – pensioniert – Pension

7 1. ärgert 2. genug, Schicht 3. Betrieb 4. Betriebsrat wählen 5. Gewerkschaft 6. pensioniert, Rente, niedrig 7. endlich 8. Versichertenkarte 9. Sozialhilfe

8 1. Parteien 2. wählen, Partei 3. Gewalt 4. Rechte, recht hat

9 Beruf und Ausbildung

2 Bleistift, Kugelschreiber – Übung, Papier, Buch – schreiben, lesen, hören, verstehen – lernen, wiederholen, schreiben, behalten

3 bedeutet – Beispiel – Test – buchstabieren – Unterricht – erklären – wiederholen – verstehe

5 Dialog 1: ● Büro ○ Sekretärin
Dialog 2: ● Zettel, notieren ○ Notiz
Dialog 3: ● gespeichert ○ aufschreiben
Ankündigung: Einführung, nervös, lösen, Unterschiede, zuordnen

6 Interview 1: ● Angestellte, Firma ○ sind, Kollegen, Wir, Angestellte, Azubi, nächsten, Lehre, Moment, viel, habe, Aushilfe, Anfang, wir, Praktikanten, nächsten, Lehre, möchte, Mechaniker
Interview 2: ● dauert, Ausbildung, jungen, Möglichkeit, Ihrer, arbeiten ○ Jahre, Erfahrungen, unseren, wir, Betrieb, Azubis, Ausbildung, übernehmen, verlassen, sehr, Kenntnissen, Bewerbung, Zeugnis, Noten, Beruf, Spaß, Betrieben zurechtkommen
Interview 3: ● Lehre, Arbeitsplatz ○ alle, Handwerker, zur, Prüfungen, Universität, erinnere, Jahren, Abitur, bestanden, denke

7 ● Friseur ● schneiden ● dauert, lasse, trocken, wasche, praktisch, Erfahrungen ○ Haaren, langweilig, Gegenteil, waschen

10 Dienstleistungen und Behörden

1 a
der Antrag – die Kreditkarte – der Geldautomat – die Überweisung – der Pass / der Ausweis – der Brief

b
1. füllen … aus, unterschreiben 2. Bankverbindung/Adresse 3. Pass, Ausweis

2 Ausländeramt – Sozialamt – Fundbüro – Rathaus – Ausländerbehörde – Standesamt

3 Waagerecht: 1. STEMPEL 2. FRIST 3. ANTRAG 4. BETRAG 5. GEBÜHR 6. KREDIT 7. FÖRDERUNG 8. BERECHTIGUNG

9. VERSICHERUNG 10. DAUER 11. BERATUNG 12. ERMÄSSIGUNG
Senkrecht: EINBÜRGERUNG

4 Telefonbuch - Päckchen - Paket - Briefumschlag - Feuerwehr

5 1. einzahlen 2. gültig 3. befristet 4. verlängern 5. Antrag 6. beantragen 7. Bescheid 8. Bescheid, sich beschweren, schriftlich 9. Meldung 10. erforderlich 11. übersetzen, Konsulat

6 empfangen - der Empfang; beschweren - die Beschwerde; versichern - die Versicherung; fördern - die Förderung; beantragen - der Antrag; mitteilen - die Mitteilung; verlängern - die Verlängerung; einbürgern - die Einbürgerung; erlauben - die Erlaubnis; übersetzen - die Übersetzung

11 Freizeit und Unterhaltung

4 Dialog 1: ● Theater, kostenlos, reserviert O verabredet, teilnehmen ● Programm O vereinbaren, Kalender ● vergessen O gefeiert
Dialog 2: ● Besuch, Kneipe O unternehmen ● Idee, Flohmarkt O ausgegeben, sparen ● Sammelst O Bescheid ● Park, Spaziergang
Dialog 3: ● kennengelernt O Fest ● Alkohol, betrunken O gesungen ● geschenkt ● stattfinden, schwanger

5 1. Café 2. Trinkgeld 3. Kellner, Kellnerin 4. Pizza-Service 5. Speisekarte 6. Herr Ober 7. Portion 8. Gericht 9. scharf

6 Dialog 1: ● Kino, Spaß O Lust, ausruhen, wünsche, unterhalten
Dialog 2: ● Setz dich, Tennis, interessiert, Pizza-Service, spazieren gehen O Idee, umziehen
Dialog 3: ● Hund O dabei sein, stehen bleiben, interessiert, Stück ● Spaziergang

12 Reisen und Natur

1 Die *kursiv* gedruckten Wörter passen nicht.
1. das Gepäck - der Koffer - der Rucksack - die Tasche - *die Jacke*
2. das Hotel - die Rezeption - *der Ausflug* - das Zimmer - die Halbpension - die Anmeldung
3. das Hotelzimmer - das Einzelzimmer - *der Rucksack* - der Balkon - die Übernachtung - die Dusche
4. die Sehenswürdigkeit - der Dom - der Ausflug - der Stadtplan - *die Jugendherberge* - die Führung
5. der Flug - das Flugzeug - das Ticket - der Zoll - *die Gleise* - der Flughafen
6. die Durchsage - der Zug - die Abfahrt - die Fahrkarte - *der Eintritt* - der Bahnhof
7. *das Meer* - die Sonne - das Wetter - der Wind - der Regen

2 7.7.: der siebte Juli - der siebte Siebte (Sommer)
31.12.: der einunddreißigste Dezember - der einunddreißigste Zwölfte (Winter)
24.10.: der vierundzwanzigste Oktober - der vierundzwanzigste Zehnte (Herbst)
13.8.: der dreizehnte August - der dreizehnte Achte (Sommer)

4 abfahren - Er/Es/Sie fährt ab. • (sich) anmelden - Er/Es/Sie meldet sich an. • abfliegen - Er/Es/Sie fliegt ab. • reisen - Er/Es/Sie reist. • übernachten - Er/Es/Sie übernachtet. • regnen - Es regnet. • fahren - Er/Es/Sie fährt. • enden - Er/Es/Sie endet.

5 Paul: Wunsch, mindestens
Maria: kennenlernen, Touristin, weggehen
Peter: Ferien, Gruppe, toll, Strand, Menge
Katrin: reich, Schiff, Schnee, Bergen, Landschaft

6 Reisevorbereitungen: ● wecken O wach, Sachen ● Schirm, nass
Wetter: ● Wetter, heiß, kühl O Nebel, Wolken, Berg, Luft ● Gewitter, Wald, wenigstens
Mit dem Fahrrad unterwegs: ● Ferien, Fluss O Weg ● Schiff, plötzlich, voll, Natur
Urlaub: ● verreise, Grenze O Unterkunft, privat, Kirchen, Türmen, Museen ● buchen, Pension, Natur, Wald, Blätter, Luft, Vögel

13 Wörter und Grammatik: Zeit - Ort - Art und Weise ...

1 (zum Beispiel:) der Hund sitzt im Wohnwagen, das Boot fährt unter die Brücke, die Burg steht hinter der Brücke, der Mann sitzt neben dem Wohnwagen, die Leute stehen auf der Brücke, der Mann sitzt am Fluss, der Junge steht zwischen den Eltern, der Mann sitzt vor dem Bild

2 elf - zwölf - dreizehn - sechzehn - zwanzig - einundzwanzig - dreißig - sechzig - siebzig - drei Kilo - hundert Gramm - ein Prozent - dreißig Kilometer - sechzehn Meter

3 1. ... Weihnachten 2. einunddreißigster Dezember: Silvester 3. erster Januar: Neujahr 4. erster Mai 5. dritter Oktober

4 10.00 der Vormittag, am Vormittag, vormittags
12.00 der Mittag, am Mittag, mittags
17.00 der Nachmittag, am Nachmittag, nachmittags
20.00 der Abend, am Abend, abends
23.00 die Nacht, in der Nacht, nachts

5 immer - meistens - oft - manchmal - selten - nie

6 stündlich - täglich - wöchentlich - monatlich - jährlich

7 Vorgestern - gestern - heute - morgen - übermorgen

8 zuletzt - vorher - nichts - spät - nirgends - niemand - nach/hinter - hinein

9 Dialog 1: O Wahrscheinlich ● Hoffentlich O ziemlich ● Vielleicht
Dialog 2: O vorher, erst ● selbst
Dialog 3: ● Neulich ● ein paar, kaum ● Darüber O Davon ● direkt, Neben
Dialog 4: O nirgends O nichts ● etwas O Außer O mal, wieder O nämlich ● doch

10 1f - 2g - 3c/d - 4b - 5d/c - 6e - 7a

11 1. wenn 2. weil 3. ob 4. dass, deshalb 5. deshalb 6. weil

Bildquellenverzeichnis

Getty Images, München: **6, 17.2, 65.1** (Image Source); **8** (DGLimages); **9** (James Carman); **14.1** (Lumina Images); **14.2** (Photodjo); **14.3** (gilaxia); **14.4** (mediaphotos); **16** (londoneye); **17.1, 19.1, 70** (PeopleImages); **17.3** (RusN); **17.4** (caracterdesign); **17.5** (Keerati9999); **17.6** (LEEDDONG); **17.7** (Ridofranz); **19.2** (ArtMarie); **19.3** (RapidEye); **22.1** (wakila); **22.2** (joingate); **22.3** (B&M Noskowski); **22.4** (ALEAIMAGE); **22.5** (Julien McRoberts); **22.6** (Spaces Images); **22.7** (ronstik); **22.8, 24.2, 24.3** (JazzIRT); **22.12** (terex); **24.4** (bonetta); **24.5** (mfto); **24.6** (Corvalol); **24.7** (wabeno); **24.8** (Firmafotografen); **24.9** (Grafimania); **24.10** (IlexImage); **24.11** (DieterMeyrl); **24.12** (Filip_Krstic); **25** (Willie B. Thomas); **30.1** (LittleBee80); **31** (Indiapicture); **32.1** (AnikaSalsera); **32.2** (tomch); **34.2** (77studio); **34.3** (seb_ra); **34.4** (Flying Colours Ltd); **35.1** (phive2015); **35.2** (stickytoffeepudding); **37.1** (Ingram Publishing); **37.2** (aluxum); **38** (Eric Raptosh Photography); **43.1** (duckycards); **43.2** (ilietus); **43.3** (choness); **44.3** (grki); **44.4** (Juanmonino); **47.1** (naulicreative); **47.3** (VukasS); **57.5** (Stadtratte); **57.6** (fontgraf); **58.3** (ONYXprj); **58.4** (scanrail); **58.5** (esseffe); **58.6** (ollo); **61.1, 61.2, 61.3** (andresr); **64** (Don Mason); **65.2** (franckreporter); **65.3** (Brezina); **73** (JGI/Jamie Grill); **74** (CandyBoxImages); iStockphoto, Calgary, Alberta: **75.1** (no_limit_pictures); Shutterstock, New York: **13.1** (Monkey Business Images); **22.9** (OZaiachin); **22.10** (Gabriel Georgescu); **22.11** (donatas1205); **24.1** (kasha_malasha); **26** (Andresr); **34.1** (Art Konovalov); **40** (Sorbis); **41** (Darko Kovacevic); **44.1** (Mi Pan); **44.2** (dotshock); **47.2** (Ribah); **50** (Billy Wild); **53** (kurhan); **55** (djdarkflower); **57.1** (PhotographyByMK); **57.2** (Olleg); **57.3** (sanjagrujic); **57.4** (Lisa S); **58.2** (jocic); **63** (Luisa Fumi); **67** (Jaromir Chalabala); **75.2** (Ralf Siemieniec); **76.1** (Subbotina Anna); **76.2** (Robert Kneschke); stock.adobe.com, Dublin: **30.2** (Ljupco Smokovski); **35.3** (Wellnhofer Designs)

DEUTSCH **INTENSIV** Das Training.

Die Reihe zur gezielten Übung von Grammatik, Wortschatz, Fertigkeiten und zur Vorbereitung auf den Beruf.

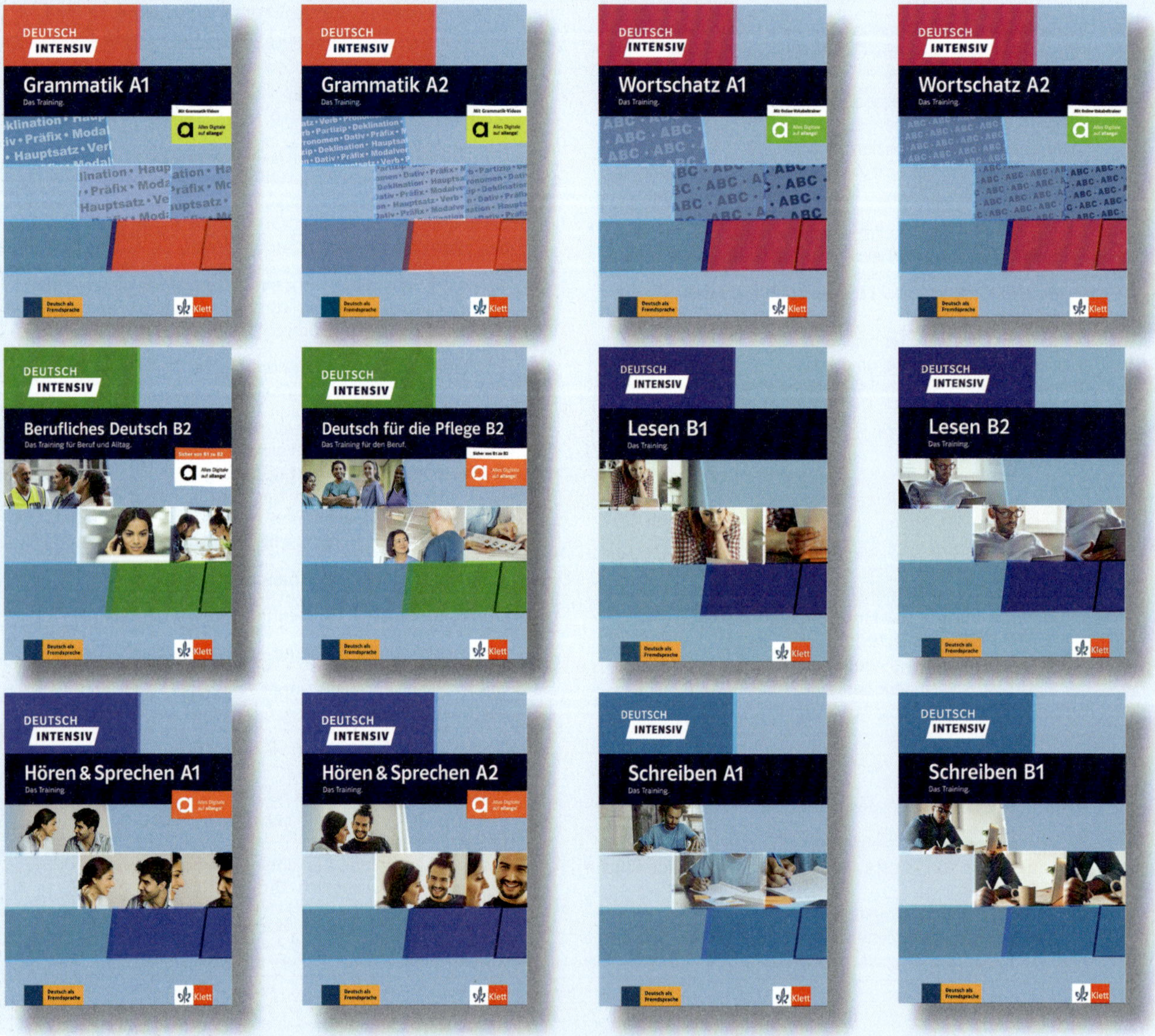

Diese und alle weiteren Titel der Reihe *Deutsch intensiv* finden Sie auf:
www.klett-sprachen.de/deutsch-intensiv

vertiefen – wiederholen – festigen

Im DaF-Kurs oder zum Selbstlernen